Genève, le 14.11.2015

À toi Brigitte

ALLER SIMPLE
POUR
NOMAD ISLAND

cet

" l'enfer derrière la carte postale ? Amitiés !

Joseph Incardona

ALLER SIMPLE POUR POUR NOMAD ISLAND

roman

ÉDITIONS DU SEUIL
25, bd Romain-Rolland, Paris XIVe

COLLECTION DIRIGÉE
PAR MARIE-CAROLINE AUBERT

ISBN : 978-2-02-107992-0

www.seuil.com

« Et vous, le bonheur, vous l'imaginez comment ? »

Club Med

Prologue

Au commencement était Internet

L'alerte sonore lui annonça la réception d'un nouveau courriel.

Elle quitta la fenêtre du « Club Med » qu'elle était en train de consulter – « Découvrez les visites virtuelles de nos villages. Un avant-goût de vos prochaines vacances » –, prit machinalement son verre sur la table basse, but la dernière gorgée de jus d'orange.

Son index effleura l'icône « mail » de l'iPad, elle sélectionna le message entrant et l'annonce apparut :

> *Oubliez ce que vous savez des vacances.*
> *L'île de vos rêves vous aime déjà, Iris.*
> *« Nomad Island Resort »*

Quelqu'un d'autre se serait peut-être offusqué d'une telle intrusion publicitaire au moment même où elle parcourait des offres de villégiature, mais pas Iris. Il n'y avait pas de conspiration mondiale dirigée contre elle ou sa famille. C'était juste un petit coup de pouce donné au hasard via les moteurs de recherche des différents sites et leurs configurations. Le Web était un fabuleux outil qui lui permettait de faire ses achats par correspondance, de réserver des billets de spectacles ou de communiquer avec d'anciennes copines disséminées de par le monde. Tout ce qu'on voulait était disponible sur la Toile pourvu que l'on possède une carte de crédit et un compte fourni. Et s'il fallait, en échange de toutes ces facilités, subir de temps à autre une publicité intrusive, elle n'évoquerait pas la présence d'un Grand Frère inquisiteur l'espionnant derrière les parois du salon.

Elle se leva, prit une cigarette dans le paquet sur le guéridon. Un rayon de soleil réchauffa sa main qui s'attardait sur le briquet. Par la fenêtre ouverte, elle regarda la surface de l'eau scintiller dans la piscine. Au-delà du bassin, le jardin descendait en pente douce jusqu'au lac. Le thermomètre extérieur s'était mis à grimper dès que le soleil avait dépassé les tilleuls. La chaleur rehaussait l'odeur du gazon fraîchement tondu.

C'est lorsqu'elle était seule à la maison qu'elle s'y sentait le mieux. Secret inavouable, mais c'était ainsi depuis son retour de clinique. Paul au travail. Lou et Stanislas au cours de natation. *Bon débarras, la famille !* Un rictus déforma sa bouche qui se referma en silence. Le souvenir du séjour en clinique commençait à s'estomper. Pas son malaise.

Iris alluma sa cigarette et retourna s'asseoir sur le sofa. Elle prit la tablette, relut l'intitulé du message sur fond de photo d'île paradisiaque.

Trois semaines avant la reprise de l'école, la dernière occasion de s'offrir de vraies vacances, de mettre entre parenthèses cet ennui qui la faisait s'éloigner de tout.

Offre de dernière minute.

Iris malaxa le petit éléphant en ivoire qui pendait à son cou. Le spam avait franchi son pare-feu. Un peu comme ces personnes culottées et pugnaces qui parviennent à frapper à la porte du directeur malgré les échelons intermédiaires destinés à filtrer ce type d'intrusion.

Neuf fois sur dix, que dit le directeur dans ces cas-là ?

Vous avez cinq minutes pour me convaincre.

Iris était dans un bon jour.

Iris était disponible.

Elle était le maillon faible.

JOUR 1

1

Arrivée

Vues du ciel, les îles Nomades sont un chapelet de cailloux oubliés au milieu de l'océan Indien. La quinzaine d'atolls saturés de végétation s'enroulent sur eux-mêmes, telle une coquille d'escargot en pointillé, pour former un 9 parfaitement géométrique abritant une vaste lagune des vents soufflant du nord-ouest. Les halos de sable blanc font apparaître les langues de terre comme suspendues au-dessus des fonds marins turquoise dont les coraux s'épanouissent à fleur d'eau.

Le paradis, pensa Paul en découvrant le paysage par le hublot du Cessna. Il se tourna vers Iris qui ne réagissait pas. L'avion était descendu à moins de six mille pieds et virait à 180 degrés pour se positionner face au vent et à la piste. Paul releva les lunettes de soleil de sa femme et constata qu'elle dormait profondément. À l'arrière, Stanislas et Lou s'étaient effondrés l'un sur l'autre, ceinturés sur leur siège. Un filet de bave coulait de la bouche entrouverte de sa fille et se mêlait aux boucles blondes du cadet. Paul sourit et revint à son hublot, un peu déçu tout de même de ne pas pouvoir partager ce panorama avec eux.

L'avion survola le lac volcanique de Nomad First, réserve d'eau inépuisable pour les résidents de l'île principale, la plus grande et la seule habitée parmi les treize unités que compte l'archipel. Concentré, le pilote – un dénommé Jamar – ralentit à 90 nœuds, stabilisa son engin qui, maintenant, volait légèrement de biais. Assis derrière lui, Paul se redressa. La nuque massive et bronzée du pilote l'empêchait de voir la totalité du tableau de bord. Une touffe de cheveux noirs qu'il supposa teints s'échappait de la boucle de fermeture de sa casquette. Dans sa mémoire, Paul gardait intacte chacune de ses 300 heures de vol sur des Piper ou des Robin, du temps où il pilotait pour son plaisir. Aucune sortie ne ressemblait à la précédente : là-haut, seul dans son cockpit, il était à la fois attentif à la navigation et perdu dans l'écheveau de ses pensées. Une façon pour lui de se sentir libre, dégagé de ses responsabilités. Mais, sous l'insistance d'Iris, il avait fini par abandonner une passion qu'elle jugeait onéreuse et risquée : la naissance de Lou avait mis un terme à son activité et il avait rangé sa licence dans la boîte à souvenirs. À cet instant, il enviait le pilote qui s'apprêtait à déposer l'appareil dans ce cadre exceptionnel au milieu de l'océan.

Les rafales de vent secouèrent la carlingue, Iris se réveilla et poussa un râle de mécontentement.

– On atterrit bientôt, chérie, dit Paul pour la rassurer.

Iris bâilla, passa une langue sèche sur ses lèvres. Elle soupira, reposant sa nuque sur l'appui-tête sans même chercher à voir le paysage. Paul se détourna, aperçut la tour de contrôle de l'aérodrome près de laquelle était garé un véhicule miniature.

*
* *

Les roues touchèrent le sol, l'avion rebondit plusieurs fois sur la terre battue, soulevant de la poussière à chaque impact. Jamar réduisit la puissance du moteur, releva les aérofreins. À présent, tout le monde était réveillé.

– Ça y est, on est arrivés, papa ? demanda Stan en se frottant les yeux.

– C'est pas trop tôt, putain ! soupira Lou.

Iris ne releva pas la grossièreté, Paul ne dit rien non plus, harassé, la bouche pâteuse, une désagréable odeur de transpiration l'incommodant chaque fois qu'il bougeait les bras. Genève – Saint-Denis La Réunion, via Paris, compter deux heures de vol supplémentaires dans le Cessna Stationair de Jamar, pour un total de quinze heures de voyage, escales non comprises. On peut laisser passer un « putain » sans trop de mauvaise conscience, entorse mineure à l'éducation d'une fille de quatorze ans.

Le pilote dirigea son avion vers le hangar situé près de la tour de contrôle, un bâtiment en dur établi sur deux étages où était inscrit (ironiquement, pensa Paul) « Nomad First International Airport ». Les hélices tournèrent une dernière fois en silence avant de s'arrêter tout à fait. Jamar décrocha sa ceinture, ôta son casque d'écoute. Il ouvrit la porte de la cabine et prit appui sur l'escabeau qu'un homme en combinaison orange délavée avait posé sur le sol, ainsi que les cônes réglementaires sous le nez et chacune des ailes de l'avion. Le Cessna étant l'unique appareil en bord de piste, Paul sourit à cette précaution qu'il jugeait superflue. Mais un aérodrome, aussi petit soit-il, a le droit de se dénommer « international » si tel est le cas, et le règlement relatif à la sécurité prévaut là comme ailleurs.

L'opérateur sur la piste, oreillettes antibruit autour du cou, ouvrit la portière de l'habitacle et aida, tour à tour, les Jensen à descendre de l'appareil. L'homme chaussait des Ray-Ban Aviator, ou supposées telles, et semblait prendre son travail très au sérieux. Le pilote s'adressa à lui dans une langue qui pouvait être du tamoul avant de se tourner vers Paul pour prendre congé.

– Vous repartez déjà ? s'étonna celui-ci.

– Le temps de faire le plein et les vérifications d'usage, oui, répondit Jamar.

– Vous faites souvent la navette ? lui demanda encore Paul.

Cette question était absurde : tout le monde était fatigué, personne n'avait le cœur à la conversation. Iris l'attira vers elle, contrariée.

– Ma partie s'achève ici, fit Jamar. Je vous souhaite un agréable séjour à Nomad First, monsieur Jensen, ainsi qu'à votre famille.

Le pilote s'inclina poliment et s'éloigna en direction du bâtiment, sa feuille de route fixée sur son écritoire à pince.

Paul rattrapa Iris qui s'était déjà éloignée avec les enfants. L'homme à la salopette orange avait chargé leurs bagages sur un chariot et les précédait sur le tarmac improvisé, silhouettes floues dans un mirage de chaleur.

2

Retard

– Putain, mais on attend quoi ?!

Le bras d'Iris se déploya, le revers de sa main claqua sur la bouche encore ouverte de Lou. L'alliance en or avait rencontré les incisives gainées de bagues de sa fille.

– Aïe ! Mais meeerde !

Lou porta ses mains au visage et s'affaissa, en sanglotant.

Paul, occupé à suivre du regard la goulotte du fil électrique qui reliait le ventilateur du plafond à un panneau solaire situé à l'extérieur du bâtiment, se retourna. Il croisa le regard noir de sa femme, qui le dissuada de commenter son geste.

Stan ignora la scène, occupé sur son iPad à catapulter des oiseaux sur des constructions éphémères.

– Et puis, ça ne capte même pas dans ce pays de merde ! fit Lou en jetant son smartphone sur le siège à côté d'elle.

– J'ai soif, maman, dit Stan sans lever les yeux de son écran.

Iris bondit de son siège, traversa la salle en quelques pas :

– Qu'est-ce qui se passe, Paul ? Pourquoi personne ne vient nous chercher ?!

Paul regarda autour de lui : leurs valises entassées derrière la vitre sale, le cendrier sur pied débordant de mégots, le carrelage recouvert d'une pellicule de sable. Le vieil hygromètre accroché près de la porte indiquait un taux d'humidité ahurissant, la salle d'attente était une étuve.

– Je ne sais pas, chérie, il doit y avoir un problème d'organisation, je…

– Qu'il y ait un problème, ça ne fait aucun doute, je me demande juste ce que tu as l'intention de faire pour le résoudre ! Figure-toi que j'ai mes règles depuis qu'on est arrivés et que je n'ai ni serviette hygiénique ni tampons !

– Chérie, tu as tes… ?

– Oui, monsieur. Après tous ces mois, c'est arrivé, figure-toi ! Ici et maintenant ! Et puis, arrête avec tes « chérie », je suis crevée, je n'en peux plus ! J'ai besoin de prendre une douche !

Iris fit volte-face, récupéra le Samsung de sa fille qu'elle glissa dans la poche arrière de son jean.

– Dernière fois que je te vois lancer ce truc, dit-elle à l'adresse de Lou qui boudait et regardait ostensiblement ailleurs.

Paul franchit la porte vitrée et se retrouva pour la énième fois sous l'auvent de la tour de contrôle. Iris avait voulu ce voyage et maintenant il en était responsable. Il avait beau mesurer un mètre quatre-vingt-dix, il se sentait toujours petit face aux accès de colère de son épouse.

Il frappa une nouvelle fois à la porte sur laquelle était inscrit « Privé », tenta de l'ouvrir, mais elle était verrouillée. Il s'avança sur le tarmac et fit de grands gestes en direction des vitres polarisées : personne ne se manifesta. Pourtant, il n'avait pas rêvé, bordel, il avait bien vu le pilote entrer dans le bâtiment ! Sans doute y avait-il une autre issue et Jamar était ressorti avec le préposé au contrôle aérien… Il chemina encore le long de la piste : le pick-up Ford poussiéreux n'avait pas bougé.

Il fit quelques pas, la main en coupe sur son front pour se protéger du soleil, regarda en direction du hangar. L'homme à la salopette orange avait lui aussi disparu après avoir déposé leurs bagages dans le hall. Paul prit son Blackberry dans la poche de son treillis, l'appareil manqua d'échapper à ses mains moites. Lou avait raison, aucun réseau ne s'affichait sur l'écran.

Le vrombissement soudain du Cessna lui fit relever la tête. Il vit l'avion sortir du hangar en cahotant et s'éloigner en bout de piste. Attirés par le bruit, Iris et les enfants rejoignirent Paul et se rassemblèrent autour de lui.

Paul entoura les épaules de sa femme et de sa fille. Stanislas s'était approché de sa mère qui, à son tour, serra son fils contre elle.

L'avion vira sur lui-même. Le moteur à plein régime, l'appareil s'ébranla sur la piste, rebondit plusieurs fois sur ses roues et quitta le sol.

3

Arachide

— Bagages dans la voiture, nous pouvons aller maintenant.

Les Jensen se tournèrent d'un seul mouvement, parfaite chorégraphie d'une famille désorientée.

Face à eux, se tenait un individu à la peau sombre dont les cheveux courts, les traits incroyablement fins et le surpoids manifeste rendaient l'appartenance à l'un ou l'autre sexe indéterminée. La voix fluette et les inévitables lunettes de soleil de style aviateur accentuaient la confusion des genres.

Stan et Lou cessèrent de pouffer quand l'androgyne s'avança vers eux — il devait mesurer plus d'un mètre quatre-vingts —, étonnamment agile et souple au regard de sa masse. *Un sumo*, songea Paul. Épinglé sur la pochette de son uniforme — chemise vert foncé, foulard et pantalon blancs —, un petit carton indiquait « Ulita ». Paul en déduisit que le « a » final se rapportait à un prénom féminin, mais la poignée de main vigoureuse — un étau ! — acheva de classer Ulita (prononcez « Oulita ») dans le genre « queer ».

Iris fut la première à passer outre la dégaine du chauffeur et à se ressaisir :

— Ça fait plus d'une heure qu'on attend, nom d'un chien ! Qu'est-ce qui se passe ?

Ulita inclina son visage de côté, comme s'il avait de la peine à entendre d'une oreille :

— *Please ?* Vous dire quoi ?

— *Moi dire* que la moindre des choses serait de vous

excuser pour le retard, siffla Iris. On a attendu comme des idiots dans votre aéroport prétendument *international* sans la moindre explication ni assistance !

Ulita ne fit pas un pli et s'exécuta :

— Au nom Nomad Resort, voulez excuser le retard de circulation.

— La circulation ? répéta Paul.

— Eh bien voilà ! conclut Iris. Tout ça est parfait ! Allons-y !

Ulita ne saisit pas le sarcasme et les invita à le suivre jusqu'au pick-up Ford garé près de la tour de contrôle.

— Attendez, fit Paul à l'adresse du chauffeur. Où étiez-vous tout ce temps ?

— Où moi être ?

— Pendant qu'on attendait, bon sang ! Où étiez-vous ?

Ulita lui désigna un point vague en direction de l'île. Paul laissa le sumo prendre de l'avance, frotta ses yeux rougis tout en remuant la tête en signe de dénégation.

*
* *

Iris et les enfants montèrent sur la banquette de la cabine arrière, Paul prit place à côté du chauffeur. Les sièges en Skaï étaient brûlants et dégageaient une odeur de pétrole. Le tableau de bord était veiné de craquelures.

— Il doit faire cinquante degrés là-dedans ! Vous n'avez pas prévu de places à l'ombre ? C'est aberrant ! dit Paul en attachant sa ceinture.

Le chauffeur ignora la question, mit le contact. Il poussa le levier de vitesse automatique et lança le quatre-quatre sur la route non asphaltée, soulevant la poussière sur son passage. Paul songea aux bagages empilés sur le plateau extérieur, ne dit rien, évitant ainsi une nouvelle dispute. Il essuya son front humide du revers de la main, la chemise collait à sa poitrine. Il voulut baisser la vitre, mais le bouton ne fonctionnait pas.

– Système électrique pas marcher, dit Ulita.

– Super ! Je crois que je vais avoir une petite discussion avec votre manager…

– Oui, Mike vous recevoir. Mike *very cool.*

La végétation au bord de la route s'épaississait à mesure qu'on s'éloignait de l'aérodrome – cocotiers et pandanus pour l'essentiel. Contrairement à ce qu'on pouvait imaginer, les fleurs étaient rares et le monochrome vert dominait. Le paradis était plus terne que ne le laissait présager le panorama vu du ciel. Paul se demanda quelles étaient les espèces végétales et animales recensées sur l'île. Débordé de travail jusqu'à la dernière minute, il n'avait pas eu l'occasion de se documenter sur le sujet. Il pensait le faire durant le voyage, mais n'avait pas trouvé la force de feuilleter les prospectus fournis par l'agence – et puis, qu'en était-il des odeurs et des sons ? Excepté la parenthèse sur la piste de l'aérodrome, il avait parcouru un bon quart du globe sans pratiquement jamais sortir d'un lieu clos – salles d'attente, *lounges* ou cabines pressurisées. Confiné dans le véhicule surchauffé, Paul songea que sa libération resterait encore une hypothèse jusqu'à leur arrivée au Resort.

Dans son coin, Stanislas grignotait les restes d'un maxi-paquet de M&M's. Il lançait en l'air les cacahuètes enrobées de chocolat, essayant de les récupérer la bouche ouverte. Lou en intercepta une et la fourra dans sa bouche, sous les récriminations de son frère.

– Arrête, Lou !

– C'est dégueu, le chocolat a fondu.

– Ça suffit ! cria Iris.

Paul sursauta, son attention focalisée sur la route bien qu'il ne conduisît point. Celle-ci devenait plus tortueuse au fur et à mesure qu'ils grimpaient. Ulita ne semblait pas s'en inquiéter, manœuvrant à l'extrême des capacités du Ford Ranger.

– L'hôtel se trouve de l'autre côté du volcan ? demanda Paul.

– Le *Resort*, rectifia Ulita.

– Vous ne croyez pas qu'il serait préférable de ralentir ? ajouta Paul. Une demi-heure de retard supplémentaire ne fera pas grande différence…

Pour toute réponse, Ulita accéléra à la sortie du virage.

– Mon mari vous a demandé de ralentir ! intervint Iris. Nous sommes clients, vous êtes à notre service, donc vous obéissez, c'est clair ?

Ulita pencha à nouveau sa tête de biais, donna l'impression de réfléchir quelques secondes avant de réduire sa vitesse.

– Un demeuré ! fulmina Iris.

– Ou une connasse, compléta Lou.

– On se calme, les filles. Ce n'est pas une raison pour…

Paul n'eut pas le temps de terminer sa phrase : le monstre apparut au milieu de la route.

Ainsi que le crocodile, il est un de ces ovipares qui ont résisté à des centaines de milliers d'années d'évolution biologique, classé parmi les derniers survivants d'une ère lointaine où l'Homme n'était pas encore apparu. L'Homme qui, en un laps de temps infime par rapport à la formation de la Terre, avait su renverser complètement la hiérarchie de prédation et créer un pick-up Ford Ranger dont la masse est capable de rivaliser avec un rhinocéros lancé à plus de soixante kilomètres-heure en choc frontal – et de l'emporter.

Mais pas avec une tortue de terre de deux cents kilos vieille de plus d'un siècle.

Elle a su passer à travers les âges grâce à une structure atomique hors norme et à son sens de la préservation : éloge de la lenteur s'abritant à la moindre alerte sous une épaisse carapace constituée d'os, de cartilage et d'écailles.

Prévu pour écarter de son chemin des buffles ou tout animal d'une certaine consistance se tenant sur pattes, le *bull bar* du tout-terrain se révéla absolument inutile en la circonstance : la carapace convexe, immobile et rivée au sol, souleva le Ford qui parcourut une dizaine de mètres en équilibre sur deux roues avant de retomber lourdement. Ulita freina tout en braquant, évitant de justesse la sortie de route et la chute dans le ravin. Le quatre-quatre continua son chemin sous le regard abasourdi des Jensen. Ulita se tourna vers Paul et lui sourit, révélant une denture si blanche qu'elle paraissait de porcelaine.

Longeant le précipice sous la pédale nerveuse du chauffeur – temps suspendu sur l'abîme –, on assiste parfois au rendez-vous de conjonctions capricieuses. Il paraît ainsi inimaginable que la dernière cacahuète d'un paquet de M&M's puisse provoquer une fausse route à votre enfant, ceci à la suite d'une rencontre statistiquement improbable entre un pick-up Ford produit à Detroit et une tortue géante des îles Nomades.

Jetant un regard à l'arrière, Paul s'aperçut de l'état critique de son fils, Iris et Lou étant encore sous le choc de l'incident. Son visage rougi et ses yeux vitreux indiquaient les premiers signes d'étouffement.

– Stop ! Stop ! J'ai dit stop ! hurla Paul.

Ulita ne réagissait pas. Sous le regard effaré de sa femme et de sa fille, Paul tira le frein à main. Le tout-terrain fit une embardée, son flanc droit buta contre une paroi de roche, raclant et froissant la tôle.

– Papa ?! fit Lou.

– Tu es fou ! cria Iris.

Le phare avant droit percuta la tige massive d'un baquois, avant que le véhicule s'immobilise en travers de la route, la calandre surplombant le vide. Paul détacha sa ceinture et bondit entre les deux sièges, son pied prenant appui sur le tableau de bord. Paul enfonça son poing dans le ventre de son fils. Il finit par lui donner un coup violent dans la partie haute du diaphragme. Stan réagit en toussant et crachant. La cacahuète rebondit sur l'appui-tête d'Ulita, roula sur le tapis de sol maculé de poussière. Stupéfaite, Iris contemplait l'arachide dépouillée de son enrobement de chocolat tandis que Stan revenait à lui en aspirant des goulées d'air brûlant.

Paul retomba sur son siège, les amortisseurs du Ford firent un clin d'œil au vide. Il s'adressa à Ulita tout en se retenant de lui mettre son poing sur la figure :

– Vous préférez faire marche arrière ou tomber dans le précipice ?

Ulita sourit, actionna le levier de vitesse automatique sur « R ». Le pick-up recula. Iris, sans voix et pâle, tenait dans ses bras un Stan encore tremblant.

– Putains de vacances, dit Lou.

Mais il n'y avait aucune insolence dans sa remarque, juste de la peur exprimée par un filet de voix.

Derrière eux, la tortue avait disparu dans les fourrés, continuant son long chemin à travers le temps et les catastrophes.

4

Nomad Island Resort

Le quatre-quatre s'arrêta devant un haut portail électrifié dont les extrémités se perdaient dans la végétation. Une petite guérite aux vitres teintées achevait de protéger l'entrée principale du village de vacances. Ulita sortit un téléphone portable de sa poche et appuya sur la touche d'un numéro mémorisé. Il éructa une formule incompréhensible et le portail bougea sur ses roulettes en gomme.

– C'est Fort Apache ? demanda Paul. Lui-même n'était pas contre les systèmes de protection (leur propre villa était munie d'un réseau d'alarmes relié à une centrale d'intervention), néanmoins il trouvait cela étonnant dans un lieu aussi reculé.

– Je ne comprends pas, fit Ulita en faisant avancer le véhicule vers le portail qui s'ouvrait en silence.

– Que craignez-vous pour avoir de telles clôtures ?

Le chauffeur franchit l'accès et la barrière se referma aussitôt derrière eux.

– Le gibier, répondit-il.

– Le... *gibier* ?

Paul se tourna vers les siens et fit la moue en une attitude de résignation. Personne ne trouva ça drôle.

*

* *

Le pick-up remonta les allées bordées de palmiers et de pelouses parfaitement entretenues. Bougainvilliers et frangipaniers se mêlaient aux fleurs d'oranger, d'ylang-ylang ou de vanille. Diverses variétés d'arbustes fleuris ornaient les lieux d'une constellation de couleurs chatoyantes. Répartis dans un maillage complexe, des arroseurs automatiques s'animaient à intervalles réguliers comme un chant de grillons aquatiques.

– Bon, voilà qui est mieux, fit Paul.

Ulita stoppa devant une habitation dépourvue d'enceinte. Le numéro 27 était inscrit sur un écriteau planté dans la pelouse. De chaque côté, construites à bonne distance, on devinait des habitations semblables qui émergeaient à travers les îlots de verdure. Ulita déverrouilla les portières et les Jensen sautèrent hors du véhicule, soulagés d'être enfin arrivés. Ils furent aussitôt subjugués par les parfums entêtants de fleurs et d'épices, parmi lesquels s'insinuait l'odeur persistante de l'iode. Les pépiements d'oiseaux inconnus, à la fois sensuels et inquiétants, achevaient de créer une forme de désappointement alors que l'océan se cachait plus loin et appelait, comme il appelait chaque être humain, à s'approcher au plus près de l'eau, à se perdre dans sa contemplation.

Le chauffeur finit de déposer les valises et les sacs au pied du véhicule. Dans un parfait ensemble, trois domestiques vêtus d'un sarong blanc – aussi petits et frêles qu'Ulita était grand et gras – apparurent pour s'emparer des bagages. Paul constata qu'ils portaient également des lunettes d'aviateur, seul point commun avec Ulita et sa peau caramel.

– Ma partie finir ici. Je vous souhaite agréable séjour à Nomad First, monsieur Jensen, aussi votre famille.

Le chauffeur contourna le véhicule et grimpa à l'intérieur. La portière se referma dans un bruit de succion. Le pick-up fit demi-tour et s'éloigna sur l'asphalte aussi lisse qu'une table de billard. Tout était parfait, excepté l'état de délabrement du véhicule auquel s'ajoutaient, maintenant, les traces récentes de leur mésaventure.

Les domestiques avaient disparu dans la propriété, emportant leurs affaires. Iris, Stanislas et Lou attendaient leur père sur le seuil. Paul ressentit alors une sorte d'arrachement, comme s'il voyait se former une frontière invisible entre lui et sa famille.

– Eh bien, allons-y, dit-il en essayant de sourire.

5

Bungalow

Ils remontèrent une longue pergola dont l'ombre mouchetée de lumière scintillait sous les frangipaniers. De part et d'autre, s'étendait un vaste jardin entretenu de façon à laisser la part belle à l'éclosion de la nature tout en contrôlant ses excès. Les habitations voisines, suffisamment éloignées des regards, se fondaient naturellement dans la flore sans que la moindre clôture ne vienne gêner le regard. La palmeraie fournissait une ombre bienfaisante ventilée par la brise du large. Les feuilles de cocotiers, pliant sous le poids de leurs fruits, bruissaient doucement, caresse éphémère et sans cesse renouvelée au royaume de l'indolence et du repos. L'homme y manœuvrait dans l'ombre, jardiniers et serviteurs invisibles – des silhouettes qui ne se matérialisaient que lorsque leur présence était indispensable.

Les Jensen montèrent une dizaine de marches et pénétrèrent dans le bungalow à la suite des indigènes dont les pieds nus glissaient sur le parquet tandis qu'ils s'affairaient à déposer les bagages dans les différentes pièces. Ils baissaient la tête en signe de soumission chaque fois qu'ils s'adressaient à eux dans une gestuelle muette : séjour, salon, chambres à coucher, salles de bains... Le tout meublé de façon essentielle et confortable. Ce qui frappait, après un examen plus attentif, était les matériaux utilisés : à l'exception de la plomberie, l'ensemble paraissait avoir été fabriqué avec les ressources de l'île. Le mobilier était en bois, rotin et bambou. On avait façonné baignoires et lavabos dans une pierre noire polie qui ressemblait à du marbre. Les coussins étaient recouverts d'un patchwork d'étoffes colorées tissées à la main. Les moustiquaires ressemblaient à de monstrueuses toiles d'araignées. Le coin cuisine évoquait de loin l'agencement standard : simple comptoir de séparation muni d'un plan de travail et d'un double évier taillé dans la pierre.

Iris était ravie :

– Pas de vaisselle ni de repas à préparer, le bonheur !

Paul lui rendit son sourire, regarda autour de lui. Il voulut demander une bouteille d'eau aux indigènes, mais ceux-ci avaient disparu.

– Papa, maman ! Venez, c'est incroyable ! cria Lou.

Ils rejoignirent leur fille à l'extérieur. Stan les suivit. Grâce à la surélévation sur pilotis, la véranda dominait la lagune.

À cette heure où le soleil descendait sur la mer – les îles Nomades sont proches de l'équateur, l'aube et le crépuscule arrivent tôt –, la baie s'offrait au regard comme un trop-plein de beauté : miroitement du corail qui affleurait à la surface, nuances de bleus du ciel et de la mer, contraste vif du sable blanc s'étalant au pied du brun vaporeux des palmiers. Et comme si cela n'était pas suffisant, comme s'il fallait encore ajouter une pointe d'extase, voici qu'une nuée de flamants roses prenait son envol, fournissant le point de fuite nécessaire à la perspective elliptique de la lagune, taches mouvantes achevant le tableau, l'ivresse du regard portant au définitif trouble des sens.

Paul. Iris. Lou. Stanislas.

Quarante, trente-sept, quatorze et neuf ans.

Cent ans à eux tous. Un siècle, contemplant silencieux et bouche bée, un cliché véritable, le photogramme vivant d'une réelle perfection. Vingt heures de carlingues, de salles d'attente, de lumières artificielles, de sons ouatés, d'air frelaté – vingt heures effacées, fatigue gommée, angoisses et ressentiments relégués dans l'oubli.

Cent ans à eux tous. Un siècle, le dernier en date, ayant si bien su accélérer la dégénérescence de ce qui maintenant se trouvait devant leurs yeux comme une exception, un miracle pour nantis. Ce qu'ils contemplaient, incrédules, négligeant leurs propres corps, leurs propres présences. Car chaque être, chaque chose porte en soi son origine. Chaque être, chaque chose garde la trace de ce qu'il fut au premier stade de son évolution.

En cet instant, ils pénétraient un territoire très ancien que peu d'individus avaient eu le privilège de rencontrer. Que peu encore rencontreraient. Car tout cela, le ciel, la mer, l'air et la lumière, était déjà en train de mourir, contaminé, sous l'apparence de la beauté.

Et ce territoire très ancien commençait à s'emparer d'eux, parfait, subtil et maléfique.

6

Mike

Mike avait brisé la stupéfaction, extrayant les Jensen de leur gangue mutique, réaction qu'il rencontrait chaque fois que les nouveaux Résidents découvraient la baie et sa lagune. Mike, leur « contact » comme stipulé sur le plan de route, était d'une beauté insolente : la trentaine élancée, blond, traits délicats et attaches fines. Loin des corps vulgaires et bodybuildés. Une vigueur authentique, gainée par la vie au grand air, fortifiée par une saine hygiène alimentaire. Chemise et pantalon de lin blanc, sandales de cuir aux pieds. Dieu merci, pas de lunettes d'aviateur, mais des yeux aussi bleus que le lagon qui s'étendait à un jet de pierre de la véranda où ils étaient maintenant tous réunis. Le foulard de soie vert foncé, négligemment enroulé autour du cou, achevait de rehausser son bronzage ambré.

Les Jensen étaient sous le charme. D'une certaine façon, Mike était la prolongation du panorama enchanteur. Un léger ressac berçait la petite confrérie, se diluait dans les rafraîchissements apportés par les domestiques, assortiment de jus de fruits frais (au choix : papaye, mangue ou ananas) servis dans des cruches en bois.

Après les formules d'usage, Mike abordait maintenant l'aspect pratique de leur séjour. Jusque-là, la discussion avait eu lieu en anglais, Mike les surprit :

— On peut continuer en français si vous le souhaitez ?

— Oh ! Votre prononciation est excellente, dit Iris.

– J'ai étudié dans votre beau pays, à Nice exactement.

– Nous… Nous sommes suisses, rectifia Paul.

Mike consulta brièvement ses notes, confus :

– De Genève, partie francophone. Mille excuses, monsieur Jensen, c'est parfois difficile de se représenter la Switzerland dans le monde. Ce pays est pour beaucoup de gens un mystère…

– C'est nul comme pays !

– Lou, s'il te plaît ! l'interrompit sa mère. Mike, vous permettez que je prenne mes cigarettes ? Je reviens de suite.

Mike se leva de son fauteuil. Paul ne bougea pas, privilège d'époux et de père, même si, en d'autres temps et en d'autres lieux, la bienséance aurait voulu qu'il en fasse de même. Mais Paul était fatigué. Et puis, quel conjoint se soucie encore de ce genre de détail après quinze ans de mariage ? Iris, par exemple. Elle appréciait d'autant plus ce geste de courtoisie qu'elle avait été traitée avec froideur et affectation par toute sorte de personnel au cours de ces dernières vingt-quatre heures. À ce propos, elle entendit Paul entamer ses doléances quant au comportement d'Ulita :

– Il n'a même pas daigné…

– *Elle*, rectifia Mike.

– Je t'avais dit que c'était *une* connasse, intervint encore Lou à l'adresse de sa mère.

Mike ignora la remarque de la jeune fille. Iris, saisissant sur la table le cendrier en pierre sculptée, l'aurait volontiers fracassé sur la tête de sa fille. Elle avait percé à jour son badinage, la manière de gonfler sa poitrine (déjà conséquente pour son âge), la façon provocante qu'elle avait de croiser ses cuisses dévoilées par le mini-short.

Mais tu ne l'auras, pas mon petit chou, oh non, tu ne l'auras pas, pensa Iris.

Elle eut aussitôt honte d'elle-même, évacua cette réflexion comme si elle n'avait jamais pris forme dans sa tête. Elle se rassit à côté de son fils, le seul qui paraissait réticent à la présence de Mike ou, tout du moins, le seul qui refusait de s'abreuver au miel de sa voix.

– Habituellement, dit Mike, notre pilote se pose dans la lagune sans qu'on ait besoin de solliciter un chauffeur, mais notre hydravion est en révision encore pendant quelques jours.

– Un hydravion ? répéta Paul. De quel modèle s'agit-il ?

– Heu… Je… je l'ignore, navré. Pourquoi cette question ?

– J'aime les avions.

– Mon mari pilotait autrefois, précisa Iris.

– Nous utiliserons donc l'hydravion pour le retour ?

– Quel retour ? demanda Mike.

– Eh bien, à… à la fin du séjour ?

– Ah, oui, bien sûr. Nous vous tiendrons informés des modalités.

– J'y compte bien ! fit Paul.

– On est à peine arrivés et tu penses déjà à partir ? lui demanda Iris.

– Tu as raison, excuse-moi, chérie.

Puis s'adressant à Mike, emprunté :

– Mes voyages d'affaires sont tellement calibrés que c'en est devenu une déformation professionnelle. Dites, l'appareil que nous avons pris était bien un Cessna Stationair ? Je n'ai pas eu l'occasion de demander confirmation au pilote.

– On s'en fout, papa. Je suis crevée et j'ai faim, maugréa Lou.

– Vous disiez ? abrégea Iris.

– Heu… Oui, le chauffeur… Enfin, les… les indigènes posent parfois problème, avoua Mike tout en posant son regard sur Stan. Je dirais que c'est l'ombre au tableau, notre talon d'Achille. Par convention, nous sommes obligés d'employer un certain nombre de « locaux ».

Stan ferma les yeux.

– Bien sûr, continua Mike en mordant l'intérieur de sa lèvre, les postes clés comme cuisinier en chef ou moniteur d'activités sont tenus par des professionnels, mais pour ce qui est du petit personnel, nous rencontrons certaines difficultés, en effet.

— Par convention ? s'enquit Paul.

— Les îles Nomades sont un royaume. La population totale de l'archipel s'élève à quelques centaines d'habitants. Nous louons les vingt hectares du Resort à la reine Bunuatù.

— Tiens ? Je croyais qu'il n'y avait qu'une cinquantaine de touristes à Nomad First, fit Paul.

— Les *Résidents*, oui. Sans oublier le personnel.

— Et comment nomme-t-on l'île dans la langue locale ?

— *Cholom'Laba.*

— Ah… Et vous-même vous parlez le… Comment appelez-vous leur… ?

— En somme, l'interrompit Iris, l'économie des îles est dépendante de votre activité touristique ?

— Tout à fait, répondit Mike en découvrant ses dents blanches.

— Et où se trouve la capitale du… *royaume* ? dit-elle, amusée.

— Bien, coupa Mike, il se fait tard. Voyons voir…

Mike consulta ses notes. Iris écrasa sa cigarette dans le cendrier.

— Les repas sont servis à toute heure, reprit-il. Glissez votre menu dans la boîte à l'extérieur et relevez le petit drapeau rouge. Le ménage est effectué quotidiennement. Les serviettes qui ne sont pas jetées par terre sont considérées comme inutilisées ainsi que le préconise notre politique d'engagement écologique. Je vous prierais de ne donner aucun pourboire au personnel, c'est inutile.

— Inutile ? s'étonna Paul.

— L'argent n'a pas cours ici.

— Et… comment payez-vous les employés ?

— Ce serait un peu trop long à expliquer, monsieur Jensen. Et, franchement, cela relève du domaine confidentiel.

— Bien sûr, je… je comprends.

– Au fait, ils portent tous ces lunettes ridicules ? demanda Iris.

– Ils en sont amateurs, oui, répondit Mike.

Dans son coin, Lou perçut très nettement l'agacement percer dans sa voix. Impossible que sa mère ne s'en rende pas compte, elle aussi. *Un partout, maman !*

– C'est devenu pour eux une sorte de… de signe extérieur indiquant leur appartenance à une caste sociale plus élevée, celle qui travaille pour le Resort, compléta Mike.

– Un peu comme le Porsche Cayenne chez nous, fit Paul amusé.

– Porsche Cayenne ? répéta Mike.

– Oui, le modèle de voiture.

Mike haussa les épaules, pressé de terminer son laïus :

– Je vous prie aussi de respecter le silence et l'intimité de vos voisins, et c'est à peu près tout… Ah, oui, si vous désirez effectuer une excursion au-delà de l'enceinte du village, veuillez vous adresser à moi. Je me chargerai de vous procurer une voiture et un chauffeur qui vous conduira sur un parcours balisé…

– Avec Ulita et ses Ray Ban ? Choueeette ! fit Lou.

– Je vous conseille vivement de ne pas sortir sans nous avertir au préalable, continua Mike.

– Le… *gibier* ? intervint Paul en se retenant de rire.

– Tout à fait, répondit Mike sans une once d'ironie. Cet endroit est un paradis et le paradis se préserve. Enfin, je vous laisse ici « La Brochure » dans laquelle vous trouverez toutes les informations relatives à votre séjour, en particulier en ce qui concerne la sauvegarde de la faune et de la flore. Les activités proposées et un plan du Resort y sont bien entendu détaillés.

La couverture montrait la photo d'une famille modèle courant sur une plage. La légende précisait « *Nomad Island Resort : it's you* ».

– Je vous invite à en prendre connaissance, je suis à votre

disposition si vous avez besoin de quoi que ce soit. Vous composez le zéro et vous tombez sur la réception.

Il montra un téléphone sans fil, branché sur son support.

– Des questions ? demanda Mike en guise de conclusion.

– Comment ça se passe pour les appels ? intervint Lou. Le réseau est vraiment merdique. Je voudrais bien échanger avec les copines, moi.

Iris leva les yeux au ciel. Paul soupira mais ne dit rien.

– Nous avons récemment subi une forte tempête, se justifia Mike. L'antenne relais est en réparation, nous attendons la livraison des pièces endommagées.

– Une tempête ? répéta soudain Stan. Ce n'est pourtant pas la période de la mousson ?

Tous se tournèrent vers Stanislas, lequel semblait avoir réapparu entre Iris et sa grande sœur.

– Heu... Jamar devrait nous apporter ça très vite, écourta Mike. De toute façon, il n'y pas besoin de portable au paradis, n'est-ce pas ?

Mike appuya sa plaisanterie en souriant à Stan alors que ses yeux disaient *petit con prétentieux, je vais te bouffer, petit con, je vais te bouffer tout entier.*

– Bien, je crois que c'est tout pour aujourd'hui ? fit-il en se levant.

– Heu, Mike, pour ce qui est des dégâts causés à votre véhicule, comment procédons-nous ?

– De quels dégâts parlez-vous ?

– En ce qui concerne le Ford et notre... notre incident de cet après-midi...

– Vous n'êtes pas au courant ? intervint Iris.

Mike se gratta la nuque. « De toute façon, cette voiture est pourrie », dit-il pour lui-même. Il interrompit son geste, leur sourit encore :

– Bien. N'oubliez pas de choisir votre menu du soir. Quelqu'un passera tout à l'heure prendre votre commande.

Paul se tourna vers sa femme, ils échangèrent un bref

regard, haussèrent les épaules. Iris se leva, lissa son jean et raccompagna Mike à la porte.

La nuit était tombée. Les éclairages disposés autour de la propriété diffusaient une agréable lumière d'ambiance. Dans la pénombre, Iris vit Mike se retourner, lever sa main pour la saluer une dernière fois. En même temps, elle aurait juré voir sa langue sortir de sa bouche tandis que, de l'autre main, il empoignait ses testicules par-dessus le pantalon en un geste obscène.

7

Instinct

Paul rendit visite à Stan qui était assis au bord de son lit, les jambes pendantes au-dessus du tapis de sol tressé. La fenêtre ouverte donnait sur le jardin illuminé où chantaient les grillons. Paul vérifia que la moustiquaire était bien fixée et s'approcha de son fils :

— Tu crois qu'ils ont colonisé le monde ?

— Qui ça ? demanda Stan.

— Les grillons.

— On en trouve dans les bouches de métro, tu sais ?

Paul sourit. Son fils était une source d'anecdotes inépuisable.

— Comment tu te sens, mon garçon ?

— Ça fait encore un peu mal. Là où... Là où tu m'as frappé, dit Stan en regardant la blessure sous son tee-shirt.

Un hématome violacé gonflait la peau juste au-dessous du plexus. Paul s'accroupit face à son fils, lui releva doucement le menton :

— J'étais obligé, Stan. D'habitude, quand ce type d'incident arrive, on se place derrière la personne et on serre fort au niveau du diaphragme, comme ça... (Paul voulut lui montrer le geste, Stan esquiva.) Dans l'urgence, c'est la seule solution qui m'est venue à l'esprit. Il faut créer un choc de rejet pour libérer les poumons. J'ai agi par instinct, tu comprends ? Et ça a marché, Dieu merci !

Des larmes coulèrent sur les joues de l'enfant. Paul se

dit qu'il accusait le contrecoup de l'émotion. Il relâchait la pression, c'était bien.

— C'est quoi *l'instinct* ? fit Stan en reniflant.

Paul fut surpris que son fils ne connaisse pas le sens de ce mot. Il se mit en devoir de le lui expliquer et il réalisa que ce terme était plus difficile à définir qu'il n'y paraissait :

— C'est quand... C'est lorsque tu agis par impulsion, sans réfléchir. Comme si... Comme si ton corps prenait les commandes et décidait à ta place...

Paul songea que son explication exigeait des nuances, qu'en réalité la réflexion était comme *intégrée* à l'action, comme si un « tout » agissait en symbiose. Il ignorait si c'était pour le meilleur ou pour le pire, sans doute cela dépendait-il des situations et des prédispositions de chacun... Paul mit de côté ces considérations et prit son fils dans ses bras.

— Je t'aime. Tout va bien. Tu ne joueras plus à lancer quoi que ce soit dans ta bouche, d'accord ? Maintenant, tu files sous la douche et ensuite au lit !

— J'ai faim, dit Stan.

— Oui, bien sûr. Prends le menu, fais ton choix et pose-le sur la table. Je le déposerai dans la boîte. Mais d'abord la douche, OK ?

Stan hocha la tête en signe d'assentiment. Il s'accrocha à la chemise de son père, murmura quelque chose au creux de son bras. Paul lui caressa les cheveux, mais n'entendit pas la phrase :

— Je veux partir d'ici, papa.

8

Toilette

Iris s'enferma dans la salle de bains qu'elle avait choisi de s'attribuer – la chambre matrimoniale en possédait deux, indépendantes l'une de l'autre. Elle ôta son jean et son slip souillés qu'elle laissa en tas par terre. Elle y ajouta le tee-shirt et son soutien-gorge. Du bout du pied, elle poussa ses vêtements dans un coin.

Elle entra dans la douche, referma la porte coulissante. Elle souleva le mitigeur qu'elle régla à température moyenne et le thermostat adapta aussitôt le régime désiré. La large pomme de douche déversait l'eau tiède sur son corps comme une pluie bienfaisante. La venue de Mike avait retardé ce moment auquel elle aspirait tout en le redoutant au fond d'elle-même. Au final, le soulagement l'emportait. Elle n'en pouvait plus de masquer son odeur sous les vaporisations successives de son eau de toilette. Le sang coulait entre ses jambes, se mêlait à l'eau et disparaissait par la bonde dans le sens contraire des aiguilles d'une montre. Elle observait, fascinée, le mouvement inhabituel, se souvint d'avoir entendu que le processus d'écoulement s'inversait dans l'hémisphère Sud.

Elle se savonna abondamment et, pour ce faire, utilisa un gant de toilette. Bien qu'une année fût bientôt passée depuis la fausse couche, elle abhorrait encore le contact de ses propres muqueuses. Le cœur du bébé avait cessé de battre quinze jours avant le terme prévu de l'accouchement.

Ne pas toucher son corps était une façon de se détourner de la blessure encore vive, dégoût difficilement surmontable, qu'elle avait rencontrée face au constat d'un enfant mort-né en lieu et place d'une célébration de la vie.

Mais, si Iris évitait tout contact avec ses parties intimes, elle ne pouvait pas feindre d'ignorer le sang menstruel qui s'échappait de son corps. Après onze mois d'aménorrhée, le cycle de vie reprenait son cours. Le corps refusait enfin la sécheresse imposée, la ménopause funeste et artificiellement conçue par un subconscient retors.

Iris ne put contenir les sanglots qui montèrent dans sa poitrine. Une sorte de honte mêlée de soulagement la submergea. Ses jambes cédèrent et elle fut obligée de s'asseoir. Sous ses cuisses tremblantes, l'eau continuait à se mélanger à ses fluides. Elle jeta le gant de toilette contre la vitre dépolie, posa les mains sur son visage et ajouta des larmes à son corps en liquéfaction.

9

Connexion

L'envoi du message ne réussit qu'après une dizaine de tentatives. Elle avait dû choper un satellite qui passait par là, un coup de bol, elle n'y connaissait rien et elle s'en foutait de savoir comment fonctionnait la technologie, ce qui l'intéressait était de pouvoir l'utiliser.

Lou comprit que ce n'était pas une façon de communiquer avec Wendy et Sarah. Le sens même de la communication par haut débit est la vitesse. Comme si on était l'une à côté de l'autre, même à dix mille kilomètres de distance. Elle renonça à envoyer une photo de sa chambre et de la vue « trop cool » sur le jardin éclairé. La clepsydre sur l'écran se retournait de façon exaspérante. Putain, elle avait envie de leur parler de Mike.

Wendy et Sarah l'avaient déjà fait. Elle aurait quinze ans en octobre. Elle serait la dernière des trois, entendu, contre ça elle ne pouvait rien, mais c'est elle qui aurait le plus beau. Lou l'accueillerait en elle, sur la plage ou dans son bungalow à lui. Mike était un vrai canon qui avait le double de son âge, un homme, quoi. Et ça, les bombasses, vous allez en crever de jalousie. Vos coups minables dans la bagnole avec Fred ou Abdel, c'est de la merde en boîte. La première fois, c'est la première fois. Il n'y en a qu'une. Une première fois pour tout. Après, ce sera trop tard.

Elle regarda son écran. Pas de jingle en guise de réponse. Les bandes signalant le réseau avaient de nouveau disparu.

Lou se déshabilla, garda seulement sa culotte, éteignit la lumière. Elle se sentait excitée, les hormones bouillonnaient. Dans la pénombre miroitante de la psyché, elle vit le reflet de son corps sur le lit. Un corps qu'elle jugeait proche de la perfection (ce qui n'était pas faux). Des proportions tenant du prodige, une plénitude pas tout à fait éclose, mais impossible à refuser : un corps qu'elle destinait à Mike dans un accouplement qui célébrerait leurs beautés respectives.

Lou s'observa encore, releva ses fesscs et ôta sa petite culotte. Elle se retourna sur le ventre et mit le coussin entre ses cuisses.

Le va-et-vient de ses fesses ondulait comme la queue d'une sirène dans le miroir. Lou abaissa les paupières et imagina que des hommes la regardaient. L'idée qu'on puisse l'épier l'excitait davantage.

10

Nuit

Paul s'était assoupi. Iris avait pris une douche interminable et maintenant il se réveillait dans le noir, allongé à côté de sa femme endormie. Il avait la gorge sèche et constata qu'il était encore habillé à l'exception de ses chaussures.

Il déboutonna sa chemise, ôta son pantalon de toile et ne garda que son caleçon.

Il écarta la moustiquaire pour jeter ses habits au pied du lit. Une brise tiède provenant de la fenêtre ouverte rafraîchit son torse en sueur. Paul appréciait qu'on renonce ici à l'air conditionné, une des rares choses qu'il ne supportait pas dans son travail et qui provoquait parfois chez lui de fortes migraines. Mike leur avait dit que l'île était naturellement ventilée, quel que soit le jour de l'année. Adossé contre la tête du lit, Paul scruta la pièce. Entre deux passages de nuages, la lune croissante propageait sa lumière métallique, prolongeant la silhouette mouvante des arbres à l'intérieur de la pièce. Il avait arrêté de fumer de nombreuses années auparavant, et pourtant, en cet instant, il était tenté d'aller fouiller dans le sac de sa femme et de prendre une cigarette.

Il observa le dos d'Iris couchée sur le flanc. Elle portait un short de course duquel dépassait l'élastique d'une culotte. Il se souvint que c'était la tenue qu'elle mettait pour dormir quand elle avait ses périodes, une manière d'indiquer son indisponibilité sexuelle. Entre une chose et l'autre, depuis l'annonce qu'elle avait faite à l'aérodrome, ils n'avaient pas abordé l'épineux sujet du retour de son cycle menstruel. Peut-être Iris ne voulait-elle pas en parler pour le moment ? Paul décida qu'il la laisserait s'exprimer quand elle le souhaiterait. Il caressa doucement l'épaule de sa femme, introduisit sa main dans le col du tee-shirt. Ses doigts effleurèrent le petit éléphant en ivoire qu'il lui avait offert pour leur premier anniversaire de mariage, voilà quinze ans. Les éléphants ont bonne mémoire, paraît-il. Et qu'est-ce que le mariage, si ce n'est se rappeler encore et toujours à l'autre ?

Paul écarta le pendentif, saisit un des seins dans sa paume – sein remodelé par le docteur Vaillant, parfaitement sphérique et défiant les lois de la pesanteur. Iris balbutia quelques mots dans son sommeil. Paul retira sa main et Iris roula sur le ventre. Sa respiration reprit un rythme régulier. Ses beaux cheveux châtain clair, les mêmes que ceux de leurs enfants, s'éparpillaient en boucles sur le matelas débarrassé de son oreiller.

Paul soupira, son pénis durci pulsait au bout de son corps, cliché dérisoire dans la nuit tropicale. Il n'avait plus eu de rapport avec sa femme – ni aucune autre femme d'ailleurs – depuis presque un an. Il s'était masturbé quelques fois, y trouvant un simple viatique physiologique. Sans être un forcené de la chose, il pouvait toutefois se considérer comme appartenant à la catégorie des frustrés. Déjà sportif à la base, il s'était jeté à corps perdu dans un entraînement soutenu qui l'avait amené à participer à trois triathlons en dix mois. Lorsqu'il prenait place sur la ligne de départ, il ne pouvait s'empêcher de se demander combien de ces hommes sublimaient leur énergie sexuelle dans le sport à outrance.

Paul consulta sa montre, tapota le cadran, mais la trotteuse resta immobile. Les aiguilles indiquaient 16 h 45, plus ou moins l'heure de leur arrivée au Resort. Il laissa sa tête retomber sur l'oreiller, regrettant d'avoir pris sa Swatch et laissé sa vieille Rolex Submariner – héritage de son père – dans sa boîte verte d'origine, elle-même contenue dans le tiroir de la table de chevet. Le mouvement perpétuel était une de ces trouvailles vous affranchissant de la nécessité de trouver des piles, ce qu'il devrait faire le lendemain en s'adressant à Mike ou à la réception. D'ailleurs, comment se passait ce genre de choses ? Y avait-il un magasin quelconque dans l'enceinte du Resort ? Fallait-il mobiliser une voiture et un chauffeur pour descendre au village ? Quelle était cette histoire de « gibier » ? À part cette tortue monstrueuse, ils n'avaient pas rencontré âme qui vive sur le chemin, ni bête ni humain. Ulita avait invoqué des problèmes de circulation pour justifier son retard à leur descente d'avion, tu parles d'un embouteillage ! Paul eut soudain quelques doutes sur les rapports qu'entretenait l'administration du Resort avec la population indigène, la supposant moins bien disposée envers ces cabanons luxueux que ce que Mike laissait entendre...

S'il ne tenait qu'à lui, il aurait renoncé à ce voyage. Paul était du type casanier, sa piscine, son jardin lui suffisaient. Prendre l'avion pour aller à Londres ou à Bruxelles représentait déjà pour lui un effort considérable. Mais Iris avait insisté. Il avait voulu lui faire plaisir et voilà que l'arrivée de ces menstruations foutait tout par terre. Ou peut-être pas. Peut-être l'abcès avait-il été enfin crevé ?

Le voyage avait été épuisant, mais Iris avait sans doute raison, c'était ce qu'il leur fallait pour se détendre, c'est ce qu'elle lui avait dit, elle avait manifesté une volonté de rapprochement. Paul espérait lui faire l'amour bientôt, tout du moins une fois avant leur retour. Après quoi, il saurait enfin que sa femme avait tourné la page et fait son deuil.

Dans l'idéal, il aurait souhaité partir seul avec Iris. D'un autre côté, il passait peu de temps avec ses enfants. Il avait conscience de décrocher avec Lou – elle devenait insupportable et il n'avait aucune idée de la manière de s'y prendre maintenant qu'elle devenait une jeune femme. Stan était plus jeune, c'était plus facile de rattraper le coup avec lui. Et puis... – Paul en éprouvait un peu de honte, mais c'était comme ça, il n'y pouvait rien – il avait une préférence pour son fils. Contrairement à Lou, Stan n'éprouvait aucune gêne à rester seul en sa compagnie, leurs silences étaient complices, ils avaient un sens de l'humour commun... Bref, il ressentait une proximité avec Stan. Paul sourit, cessa cet éloge idiot. Il aimait Lou, bien sûr. Il aimait Iris. Il aimait profondément sa famille. Il était un homme programmé pour la vie de famille. Paul Jensen en incarnait l'apologie, il était ce type de la photo qui illustrait le dépliant, l'homme courant sur la plage avec femme et enfants : fidèle, responsable, attentionné, mais se tenant à bonne distance de l'outrance et des manifestations affectueuses spontanées. Il regrettait seulement de ne pas être plus présent depuis sa promotion au conseil d'administration de la banque. Une banque privée, familiale. En tant que nouvel associé, il était maintenant accaparé par des dîners d'affaires ou des lunchs se prolongeant sur le green, sans oublier les voyages éclairs dans toute l'Europe. Le monde pourrait encore attendre, non ? Mais sous peu, le monde aussi monopoliserait sa présence. Bizarrement, cette réussite sociale l'effrayait au fur et à mesure qu'elle prenait de l'ampleur, et pourtant c'était ce qu'il avait toujours souhaité. Était-il un individu aux bonheurs plus simples qu'il n'y paraissait ? Il se rendait compte que, ces dernières années, il n'avait jamais pris le temps de réfléchir à ce qu'il désirait vraiment. Oui, les années avaient enfilé leurs jolies perles translucides sur le fil des jours. Un fil tendu où les perles s'enchâssaient, rapides et silencieuses. Et Paul ressentait pour la première fois cette sensation de fragilité, ce doute quant à la solidité du fil, le poids et la tension qu'il pouvait supporter.

Paul se leva, il avait terriblement soif. Ses muscles entraînés n'eurent aucune difficulté à s'extraire de la position au sol du futon dont l'armature en bois exotique dégageait une odeur sucrée. Il alla dans sa salle de bains personnelle, ouvrit le robinet, mais aucun jet d'eau n'en sortit. Il s'orienta dans la pénombre du bungalow, trouva le coin cuisine, essaya le mitigeur de l'évier, sans résultat, là non plus. Il ouvrit le réfrigérateur : vide. L'absence d'eau lui donnait l'impression d'accentuer sa soif. Il sortit sous la véranda, essaya de calmer cette sorte de panique ridicule qui montait en lui. Paul se souvint alors de la bouteille d'eau dans le sac de sa fille et se dirigea vers la chambre de Lou.

Il fut troublé de la trouver nue, les cheveux en bataille, la peau luisante de sueur, ronflant imperceptiblement. Il s'approcha, souleva le drap. Avant de la couvrir, il contempla ce corps qui était pratiquement devenu celui d'une femme, un corps absolument magnifique. Les années avaient-elles donc passé si vite ?

Paul fouilla dans le petit sac à dos, trouva la bouteille encore pleine et but tout son soûl.

Il referma la porte de la chambre de Lou, hésita puis se dit que ça ne mangeait pas de pain de vérifier si tout allait bien chez Stan. *À propos de pain, t'as complètement zappé ton dîner, mon vieux ! Bon, ça fera toujours un demi-kilo de moins à transporter demain sur la plage...* Il sourit à cette idée. Le contact du plancher sous ses pieds nus était agréable. Il aimait cette sensation qu'il associait plus que tout à l'idée des vacances. Il entendait toujours le léger ressac dans le lointain, les imperceptibles craquements du bungalow paraissant respirer en harmonie avec le vent nocturne.

Paul poussa la porte et se figea au seuil de la pièce. Une vague de froid remonta ses orteils, inonda son cœur : Stan se tenait debout derrière la fenêtre, lui tournant le dos, vêtu de son pyjama bleu et rouge à l'effigie de « Cars ». Il s'approcha, découvrit son fils qui fixait le jardin, les yeux exorbités, le pouce dans sa bouche comme lorsqu'il était petit.

– Stan ? chuchota-t-il. Stan, qu'est-ce qu'il y a ?

Paul scruta la nuit au dehors, ne vit rien sinon le jardin désert. Il prit son fils dans ses bras. Ses membres étaient raides, son corps froid.

– Stan ? répéta Paul dont la voix trahissait un début de panique.

Stan sortit de sa léthargie, cligna des paupières, effaçant la lueur d'effroi imprimée dans son regard. Il agrippa le cou de son père que ses petits ongles griffèrent.

– Tu as fait un mauvais rêve, c'est ça ? demanda Paul en dégageant un bras de l'étreinte qui l'étouffait. C'est un cauchemar, mon garçon, fit-il d'une voix plus posée. Les cauchemars font très peur, mais ils ne sont pas réels, tu comprends ?

Il serra son fils plus fort contre lui. Stan déglutit et Paul entendit :

– Ils sont partis maintenant.

– C'est ça, ils sont partis, Stan. Les cauchemars s'en vont toujours.

Paul lui caressa la tête, prenant pour une crise de somnambulisme ce qui, en réalité, était de la terreur à l'état brut.

JOUR 2

1

Running

Quand il se réveilla, Stanislas était encore blotti contre lui. La lumière du jour filtrait à travers la trame en paille des stores. Paul regarda la montre à son poignet, se souvint qu'elle ne fonctionnait plus. Il se dégagea du corps de l'enfant. Il avait faim, son estomac lui donnait l'impression de vouloir le dévorer au-dessus du nombril.

Il retourna dans sa chambre. Iris dormait dans la position où il l'avait quittée. Évitant de soulever la poussière en fouillant dans sa valise, il sortit la paire de Nike, un short de course et des chaussettes. Il s'habilla, noua le bandana sur son crâne dégarni.

Il testa le robinet de la cuisine qui fonctionnait à présent. Il se rafraîchit le visage et la nuque. Dans le sac à main de sa femme, il trouva un paquet de crackers dont il déchira l'emballage. Il but encore, se rinça une dernière fois la bouche et sortit.

Au bout de l'allée, Paul remarqua que le drapeau de plastique rouge de la boîte était activé. Les menus déposés la veille s'y trouvaient encore. Si l'intendance du Resort était défaillante, ce n'était pas le cas du débit de sa Mastercard gold qui s'effectuait le 28 de chaque mois.

Paul vit un domestique apporter un plateau de petit déjeuner au pavillon voisin tandis que son collègue l'attendait au volant d'une golfette. Paul intercepta l'indigène qui se figea en le voyant approcher. Paul ignorait si c'était le même employé qui avait apporté ses bagages hier après-midi, il s'en foutait. Il laissa tomber les politesses d'usage :

– Nous n'avons pas mangé hier soir, dit-il. Et vous savez pourquoi ? Parce que vous avez oublié de nous apporter notre dîner. La prochaine fois, je veillerai personnellement à ce que monsieur Mike s'occupe de vous !

Paul vit son visage grossir dans les verres des lunettes de soleil du domestique.

– Vous m'avez compris ? Non ?

L'indigène resta comme pétrifié. Paul s'empara du plateau et retourna au bungalow. Ses mains tremblaient. Il n'avait pu contenir sa nature habituellement équanime, cette force placide appréciée par ses collègues et qui, dans certaines circonstances, passait pour de l'indifférence. Cependant, derrière la formule d'un contrat non respecté – « Je paie, je suis servi » –, derrière cette forme hautement morale du pouvoir conféré à l'argent (dont le corollaire est : « trahir l'argent, c'est trahir l'homme »), Paul avait ressenti de la colère. De la pure et cristalline colère. On avait touché aux siens, on les avait négligés en les privant de nourriture. Cette colère le surprit lui-même, comme un écho lointain. La respiration à peine audible d'une présence dans une pièce noire.

Paul déposa le plateau sur la table du living, chercha en vain un stylo. Il aurait souhaité écrire : *Parti courir, vive les vacances ! Je vous aime, à tout à l'heure !*

À défaut de message, les tremblements avaient cessé : l'ordre des choses était rétabli.

*

*   *

Paul ressortit directement par la véranda, descendit l'escalier menant à la plage. Il marcha le long d'un sentier de sable élagué à la machette, entouré d'une végétation dont l'anarchie primaire, les entrelacs obstructifs défiaient l'ordre fonctionnel, cartésien, d'une volonté supérieure et inclusive. En tant qu'analyste financier, il n'était pas étranger au concept de jungle. Lui-même, comme tant d'autres, représentait une liane, une racine, une forme d'élan vers l'occupation de l'espace, c'est-à-dire l'accumulation et la fructification du capital. L'ordre inclusif était le marché, la volonté supérieure, le libéralisme. Et le sable sous ses pieds ? Le menu fretin, autrement dit quatre-vingt-dix pour cent de l'humanité qui se débattait comme de petits insectes dans le limon humide, ce sable si fin qu'il pénétrait les minuscules alvéoles de ses chaussures de course.

Paul émergea du tunnel de végétation, plissa les paupières face à la baie et la lagune. Il resta ainsi, les mains sur les hanches, contemplant l'océan au-delà de la barrière de corail, jusqu'à ce que ses yeux se fatiguent, et il se traita d'idiot pour avoir oublié ses Oakley.

Il inspira et expira plusieurs fois par le ventre, profondément. Devant l'immensité, les yeux fermés, il étira et chauffa son corps comme il le faisait chaque fois qu'il s'apprêtait à souffrir.

2

Little Market

Iris déambulait dans les rayons de la galerie commerciale miniature où officiaient – comme il se doit – des indigènes à Ray Ban Aviator. Iris chaussait également ses lunettes de soleil violettes évoquant la forme d'un papillon. Elle portait un top mauve qui rehaussait sa poitrine et découvrait un ventre plat et bronzé. Le short noir mettait en valeur ses longues jambes. Aux pieds, des *huaraches* achetées lors d'un précédent voyage à Cancún complétaient son look estival. À cause de la poussière accumulée lors du transfert avec la Ford, elle avait dû épousseter son entière garde-robe. Lou et Paul se démerderaient avec leurs bagages, mais elle n'avait pu faire l'impasse sur le contenu du sac de son fils.

Iris s'était levée la bouche amère, la tête lourde de fatigue. Ses articulations émettaient des pointes de douleur perfides, élancements qu'elle mettait sur le compte de son indisposition. Son irascibilité était montée d'un cran lorsque, en sortant de la douche, elle avait constaté que Lou avait dévoré l'entier panier de petits pains. L'adolescente l'avait défiée de l'air insolent dont elle ne se départait plus, triturant le bout de son pied posé sur la chaise. Son tee-shirt Hello Kitty qu'elle avait découpé (*45 euros, bordel !*) au niveau du cou et des manches bâillait, découvrant – contrairement à sa mère au même âge – une poitrine déjà conséquente. Était-ce dû aux hormones injectées dans la viande ? Iris avait lu dans un magazine le scandale des œstrogènes qui rendaient les corps des jeunes filles sexuellement plus précoces et plus gras, tandis que ceux des garçons avaient tendance à se féminiser. Dieu merci, dans l'enceinte de la maison, on mangeait « bio », mais la *junk food* menait un assaut constant aux frontières du foyer.

Quant à Stanislas, son problème était plutôt le manque d'appétit : il n'avait pratiquement pas touché au petit déjeuner, se contentant de boire son chocolat et de picorer quelques grains de maïs soufflés (l'équivalent local des corn flakes), arbitre silencieux d'un affrontement au vitriol entre mère et fille. Il avait quitté la table juste avant qu'elles atteignent le point culminant de leurs hurlements, pour s'installer sur la balancelle de la véranda, attendant que quelqu'un veuille bien s'occuper de lui.

À présent, un panier en rotin pendu à son bras, Iris cherchait à se concentrer sur les marchandises exposées au Little Market. *Lettre à Élise* passait en sourdine dans les haut-parleurs disséminés dans les faux plafonds. Sur les rayons du magasin, on trouvait essentiellement des objets d'artisanat : sacs, corbeilles, tissus colorés, peintures naïves, statuettes… Iris fut à peine étonnée de trouver si peu de choses de son monde d'avant.

Elle croisait des clientes vêtues d'habits légers en lin ou coton, sans ostentation, sans marques affichées, des vêtements que l'on vendait ici même sur les rayonnages. Des femmes comme elle allant sur la quarantaine entretenue et soignée, au sourire desquelles elle répondait par effet de miroir. Et lorsqu'elle s'arrêta au rayon des « cosmétiques » – sélection de crèmes, d'onguents et de divers produits naturels fabriqués sur l'île –, Iris se retrouva véritablement cernée par une délégation d'épouses avides d'informations :

– Vous êtes donc la nouvelle ? fit l'une.

– D'où venez-vous ? enchaîna une autre.

Iris essayait de répondre au flot de leurs questions : *Vous avez fait bon voyage ? Comment trouvez-vous votre bungalow ?*

Quel est le prénom de vos enfants ? Et votre mari, comment s'appelle-t-il ? Vous ne vous sentez pas bien ?

Prise de vertiges, Iris s'appuya contre la devanture chargée de pots et de flacons. En bas, son corps continuait à saigner, on aurait dit que de nouveaux follicules s'étaient formés à la hâte durant la nuit pour la faire souffrir dès le réveil. Les mains d'un sadique essoraient son ventre, les gouttelettes de sueur inondaient son front. Pâle, Iris tentait de sourire à ces femmes qui la touchaient, multipliaient leurs conseils afin qu'elle surmonte la douleur qui la clouait sur place. Jusqu'à ce que l'une d'entre elles, un peu plus hardie que les autres, dise :

– Ne vous inquiétez pas, nous sommes toutes passées par là. Ça va s'arranger, tout ça va se mettre en place peu à peu, vous verrez.

Iris, qu'on avait fait asseoir par terre, releva la tête, surprise :

– Comment... Comment savez-vous que je... ?

– Mesdames, s'il vous plaît !

Une jeune femme, vêtue d'un chemisier et d'un short blancs, foulard vert noué autour du cou, fendit la petite foule qui s'ouvrit aussitôt pour la laisser passer.

– S'il vous plaît, mesdames, éloignez-vous, vous aurez bientôt l'occasion de discuter avec Mme Jensen, je vous en prie, mesdames !

Le groupe se dispersa à contrecœur, les femmes jetaient des regards curieux derrière elles, comme si leurs paniers les emportaient alors que leurs visages demeuraient aimantés par ce qui se passait dans leur dos.

– Je suis Vera. Je travaille ici. Comment vous sentez-vous, madame Jensen ?

Iris s'appuya sur le bras de la fille et se leva.

– Ça va mieux, merci. Vous savez ce que c'est d'avoir... d'avoir ses...

– La lune ascendante n'arrange rien dans ces cas-là. Elle sera pleine dans quelques jours.

Iris ne put s'empêcher de sourire :

— Vous croyez à ces sottises ?

— L'être humain est constitué aux trois quarts de liquide, madame Jensen. Si la lune attire les marées, notre métabolisme s'en ressent également.

Le visage de Vera s'était fermé, l'amabilité avait cédé la place à une expression froide et déterminée.

— Il est surprenant qu'en tant que femme vous ne soyez pas plus au fait de ces évidences, madame Jensen.

Maintenant qu'elle s'était reprise, Iris put prendre conscience de la beauté presque douloureuse de Vera. « Douloureuse », car la vanité vous fait envier tout ce que vous n'avez pas.

— Venez, madame Jensen, je vais vous conduire dans la partie du magasin où vous trouverez tout ce qu'il vous faut pour affronter la situation.

— *Affronter la situation* ? Vous n'y allez pas un peu fort ?

— N'avez-vous jamais envisagé que d'être une femme est déjà un combat en soi, madame Jensen ?

— Appelez-moi Iris, ce sera moins formel.

Vera lui sourit, des fossettes apparurent au creux de ses joues.

— Nous contenons toutes les particules de l'univers, Iris. Ne l'oubliez pas, jamais. Nous *sommes* l'univers.

Iris se laissa conduire. La paume de la jeune femme était chaude et douce.

3

Snorkling

Maman avait consulté « La Brochure » et la brochure proposait toutes sortes d'activités pour éloigner Stanislas une bonne partie de la journée. En fait, il y en avait suffisamment pour que son fils ne s'ennuie pas pendant leur séjour.

Mais de quel ennui parle-t-on ? Celui de la mère ou de l'enfant ?

Deux ans après la naissance de Lou, Iris avait voulu un nouveau bébé, sans succès. Elle avait alors convaincu Paul d'entamer une « Procréation médicalement assistée ».

Paul avait été exemplaire de dignité et de solidarité envers son épouse. Bien qu'ils aient déjà un enfant, il s'était prêté à une série de tests allant du spermogramme à l'examen de la prostate en passant par une analyse détaillée du volume de ses testicules. Le plus désagréable avait été de devoir se masturber dans une salle peinte en jaune moutarde, pourvue d'un lavabo, d'un tabouret et d'une table d'examen gynécologique. Il y avait un distributeur de serviettes en papier (régulièrement approvisionné), mais jamais de revues érotiques. Les revues n'étaient pas à la charge de la clinique ou alors, plus prosaïquement, aucun membre du personnel n'avait jugé qu'il fût de son devoir d'aller en acheter. Quoi qu'il en soit, Paul avait consenti à tout. Preuve d'amour peu commune mais concrète, c'est le moins qu'on puisse dire. Ce « tunnel » de la PMA les avait engloutis subrepticement, les amenant, mois après mois, à une implication émotive et matérielle qui s'immisçait toujours plus profondément dans l'intimité de leur couple, y creusant par la même occasion un trou financier non négligeable. Car si, aujourd'hui, les Jensen pouvaient être considérés comme étant « riches », dix ans plus tôt, la position professionnelle de Paul était celle d'un typique employé de la classe moyenne.

Iris avait serré la main de Paul tandis que le professeur Mortier leur exposait le déroulement de leur première FIV, entendue Fécondation *in vitro*. On en était donc arrivé à la dernière extrémité (le prix de consolation éventuel étant celui de l'adoption). Un Stanislas à venir, en suspens dans un incubateur à 37°, une hypothèse au milieu de millions de spermatozoïdes prêts à s'attaquer aux ovocytes sélectionnés comme étant les plus aptes à la reproduction. La rencontre adviendrait dans un environnement humide et chaud, bébé éprouvette en culture. *Certains font des enfants, d'autres se reproduisent*, en avait conclu Paul, un soir de déprime alors qu'il fumait sur leur balcon. Sentence que lui-même renierait à la naissance de Stanislas.

Car le troisième essai fut le bon et l'embryon de ce qui deviendrait un garçon réintégrait le ventre maternel pour y pousser jusqu'à l'expulsion. Stanislas ignorait encore l'origine clinique de sa conception. Paul était d'avis qu'il n'était pas indispensable de l'en informer. Iris pensait résolument le contraire. L'argument épineux qui les divisait reviendrait sur le tapis tôt ou tard. Dans l'immédiat, ils avaient convenu qu'il était trop jeune pour en être informé.

Bref, ce matin-là, maman avait consulté « La Brochure » et maintenant Stan se trouvait voué à lui-même, sous l'ombre des canisses, tandis qu'une jeune et belle instructrice d'une vingtaine d'années, prénommée Denise, leur expliquait – à lui, Stanislas, ainsi qu'à deux autres enfants de son âge, Charlotte et Hugo – les bases de la plongée avec masque, palmes et tuba. Il arrive parfois que le désir inconditionnel et irrépressible d'un enfant mène, quelques années plus tard et dans les situations les plus complexes et dramatiques, à un refus inconscient de celui-ci. Le cas d'Iris n'allait pas aussi loin dans le déni, mais elle éprouvait une sorte d'indifférence vis-à-vis de son fils. L'envie d'enfant n'était plus un bienfait de la vie et se révélait un caprice. Iris l'avait senti dès que la bouche du bébé s'était refermée sur la pointe de son sein. Le refus de l'allaiter avait été un premier signe. Lors d'une séance particulièrement douloureuse avec sa psychothérapeute, Iris avait fini par vomir, au sens propre du terme, l'absence d'intérêt pour cet enfant, cela sur le tapis kilim de Mme Clémence George, psychiatre inscrite à l'ordre très officiel des médecins.

Le corps de Stan semblait pâtir de cette indifférence maternelle à son égard. Malgré le physique imposant de son père et celui, tonique, de sa mère, il était chétif et considéré « petit pour son âge ». Des cheveux châtain clair et des yeux bleus, voilà ce que lui avait légué sa maman. Pas davantage, si ce n'est une prise en charge hygiéniste et efficace de son éducation – instruction, vaccins, activités parascolaires, bien-être matériel – par une mère dont les origines calvinistes accentuaient l'aspect froid et distant. Stan ne manquait de rien, sauf de l'essentiel, le banal amour, l'ordinaire affection. Paul, témoin muet du problème (il avait bien essayé d'aborder le sujet, mais Iris dégageait dans les tribunes chaque fois qu'il mettait la balle au centre), compensait comme il le pouvait, c'est-à-dire en fonction de sa disponibilité. Stanislas penchait du côté du père, soudant ainsi leur compréhension naturelle l'un de l'autre. Au final, c'est donc celui qui avait désiré le moins qui aimait le plus.

Maman avait consulté « La Brochure », puis téléphoné : on lui avait répondu que pour Stanislas Jensen, ce matin, l'activité disponible était le « Snorkling » et Stan, pour lui faire plaisir, avait accepté, sans se douter une seconde que Denise s'acharnerait sur lui :

– Alors ? Comment fait-on ? Oui, c'est bien à toi que je pose la question !

Stan regarda autour de lui, perdu à l'ombre des canisses. Sa famille dispersée aux quatre coins du Resort, très loin de sa vraie maison, du monde rassurant qu'il connaissait et de sa chambre en particulier : berceau de rêveries qu'il cultivait par une imagination que sa maîtresse jugeait « trop féconde » (voulait-elle suggérer par là une tendance schizophrène ?). Le monde de Stanislas était peuplé d'histoires élaborées en permanence, le refuge dans la fiction étant le meilleur moyen d'entretenir un équilibre psychique malmené par les assauts répétés du monde extérieur. Car « tout est un », n'est-ce pas ? L'introversion amène à se couper des autres qui vous le rendent bien, ce qui renforce à son tour la construction d'un monde à soi. Denise, comme tant d'autres avant elle, le forçait à revenir au réel, lui posait un ultimatum sous forme de question et ne pas répondre signifiait se moquer du monde, ne pas porter d'intérêt aux valeurs proposées.

– Quand le masque se remplit de buée, intervint Charlotte, on le décolle légèrement du visage. Une fois qu'il est rempli d'eau, on pousse très fort avec le nez pour faire sortir l'eau.

– *On expulse* l'eau, oui, corrigea Denise qui continuait de fixer Stan.

Peut-on être si belle et si méchante ? se demanda le garçon.

– Pour le tuba, c'est pareil, reprit-elle en saisissant ledit tuba, alternant explication et démonstration. On souffle un coup sec… L'eau est ainsi expulsée… Et on respire à nouveau normalement. Est-ce que c'est bien compris ?

Les trois enfants acquiescèrent. Bientôt, ils allaient devoir se jeter à l'eau et chacun, pour une raison qui lui était propre, appréhendait ce moment. Charlotte, la plus âgée des trois – elle avait dix ans –, était atteinte d'une hypotrophie congénitale : le prolongement de l'épaule droite se terminait par une sorte de petite nageoire d'où s'échappaient uniquement trois doigts (pouce, index, auriculaire) ne lui servant strictement à rien dans le milieu aquatique et à pas grand-chose sur la terre ferme. Quant à Hugo, même si à neuf ans il dépassait Charlotte d'une bonne tête, on pouvait déjà le cataloguer de « gros », l'obésité déclarée étant l'étape suivante. Enfin, Stan : son corps malingre ne le faisait pas se sentir à l'aise dans l'eau où il avait toujours froid. Il appartenait à cette catégorie d'enfants ayant accès aux piscines et aux cours de natation. On pourrait penser que c'est une chance, mais Stan grelottait au bord du bassin tandis que le professeur lui montrait comment ramener le bras le long du corps pour un crawl efficace, ce qu'il ne saurait jamais faire de toute façon.

Le problème avec les lieux de villégiature proches de la mer, ce sont les sports aquatiques, n'est-ce pas ?

*

* *

Le cours théorique terminé, Denise remit à chacun son matériel. La monitrice les emmena dans une sorte de piscine naturelle à l'intérieur même du lagon, peu profonde et large d'environ une centaine de mètres.

— Voilà votre terrain de jeu, fit Denise. Tâchez de vous rappeler ce que je vous ai dit. Je suis là-bas, sous la cahute. Ne touchez pas les coraux. N'oubliez pas : dans l'eau, soyez solidaires, c'est la meilleure façon d'éviter les accidents.

Denise leur adressa un sourire sans chaleur et s'éloigna. De façon purement formelle, elle venait de leur donner un conseil qui leur serait utile par la suite, mais dans un contexte bien différent de ce qu'ils auraient pu imaginer.

Les enfants entrèrent dans l'eau et, après avoir testé leur matériel, les garçons encadrèrent Charlotte :

— Prêts ? demanda-t-elle.

Stan répondit que oui. Hugo fit le signe « OK » en connectant le pouce et l'index.

– Hé! fit encore Charlotte. Vous voulez voir une vraie sirène de mer ?

Les garçons mirent leur masque et regardèrent Charlotte nager sous l'eau en tournant sur elle-même avec son seul bras valide et remuant son membre atrophié comme une minuscule nageoire. Hugo et Stan furent obligés de sortir la tête hors de l'eau tellement ils riaient. Hugo imita alors le phoque en battant les bras et les jambes de façon désarticulée, et Charlotte rit à l'unisson de Stan. Celui-ci prit le tuba, le porta à sa tempe comme si c'était une arme et tira un coup virtuel, tombant raide mort dans l'eau. Le double menton de Hugo sursauta et le visage de Charlotte se fendit d'un rire en tranche de pastèque. Stan ressuscita et, pour la première fois depuis le début des vacances – non, depuis bien plus longtemps que cela, en fait –, il afficha un beau sourire qui illumina son visage habituellement soucieux.

Hugo, Stan et Charlotte, unis, veillant les uns sur les autres, se mirent alors à nager sérieusement et rejoignirent même des zones où l'eau était plus profonde et où ils n'avaient pas pied. Ce qu'ils virent les émerveilla : ils découvrirent un monde sous-marin composé de formes surprenantes et insolites aux figures moirées. Un univers souple et mobile, ponctué par le seul souffle de leur respiration à travers le tuba. Leur corps en suspension devenait ainsi partie intégrante d'une flore rendue vivante par le flux d'oxygène qui entrait et sortait de leurs poumons. Le rythme de leur cœur battait à leurs oreilles, un bruit sourd et fort et rassurant. Ils étaient de petits humains fragiles et démunis, à la conquête d'une dimension qui leur était inconnue, qui les hypnotisait par sa beauté stupéfiante, couvant un danger que leur instinct d'enfant, de petit animal engagé dans la survie du jeune âge, leur faisait présager. Une sorte de méfiance viscérale inexplicable et inexpliquée, comme à l'encontre de Denise elle-même qui évitait de les toucher, eux, des enfants, même par inadvertance, comme s'ils étaient un corail empoisonné, un corail capable d'altérer sa beauté au simple contact d'un corps obèse, handicapé ou chétif. Comme ce monde qui les tolérait en surface seulement, la vieillesse et la laideur étant bannies sur l'Île des vacances magiques.

*
* *

Denise les appela vers midi et les fit sortir de l'eau. Les enfants suivirent ses longues enjambées, se brûlant la plante des pieds dans le sable surchauffé alors qu'elle avançait vers la cahute chaussée de ses tongs, insensible à leurs récriminations, souriant à la souffrance qu'elle leur infligeait.

Elle leur distribua des sandwichs sans leur proposer le moindre choix. Le pain, le poulet, tout était sec et sans saveur. L'eau dans les bouteilles était tiède. Elle leur distribua encore des mangues trop mûres, à la limite de la pourriture, et s'éloigna pour parler dans son téléphone. Stan reconnut le prénom de « Mike » qu'elle prononça à plusieurs reprises en se frottant un pied sur l'autre.

– Je croyais que les connexions étaient altérées, remarqua Stan.

– Pas pour eux, répondit Hugo en écartant la feuille de salade ramollie.

Les enfants se concertèrent du regard. Charlotte posa le sandwich à peine entamé sur la table. Stan fit de même. Hugo mordit encore une fois dans le pain rassis et les imita, un peu à contrecœur tout de même.

– On mangera ce soir, fit Charlotte.

Les garçons acquiescèrent. Ce fut leur premier acte de résistance.

Denise raccrocha. Elle vit les sandwichs abandonnés sur la table, les regards de défi que les enfants posaient sur elle. Ses pupilles s'assombrirent, exprimant une haine rentrée. Sa beauté était vénéneuse.

4

Beach Volley

Lou était plus maligne que son frère. Elle savait éviter ce dont elle ne voulait pas, en l'occurrence le phénomène aquatique qui, ce matin, ne l'inspirait guère. Elle avait des frissons, se sentait vulnérable, mais pas pour les mêmes raisons que sa mère. Son corps imprimait des poussées de croissance phénoménales culminant avec des accès de fièvre qui pouvaient durer une nuit entière, voire deux jours de suite. Elle avait alterné des phases de sommeil profond avec d'autres plus agitées, rêvant qu'elle marchait sur un sentier de l'île jusqu'à ce que la végétation devienne si dense qu'elle ne pouvait plus avancer, que ses bras se mettent à croître comme des lianes et que ses jambes s'enracinent. Toutefois, le rêve n'avait jamais pris la tournure d'un cauchemar : elle n'avait ressenti aucune douleur, aucune angoisse, il avait suffi de se laisser aller et de l'accepter jusqu'à ce qu'il s'efface de lui-même.

Le matin, au réveil, Lou avait posé doucement un pied après l'autre en descendant du lit. La tête lui tournait, sa langue était sèche comme si elle avait bu trop d'alcopops. Elle se sentait cassée, la nuque raide, les hormones (eh, oui, encore elles) malmenaient le bout de ses seins durs et sensibles.

Elle avait enfilé un slip, son tee-shirt Hello Kitty qu'elle avait modifié avec une découpe perso. Dans le living, elle avait trouvé son frère qui fixait, comme hypnotisé, la fresque sur le mur : une représentation naïve de Nomad First, avec de petits gnomes agenouillés au pied du volcan déposant des offrandes de nourriture, des statuettes et de petits animaux morts à en juger par le détail. Et si, à ce moment-là, Lou avait pu lire les pensées de son frère, elle aurait constaté comme lui que cette sorte de fresque géante qu'ils avaient à peine remarquée à leur arrivée semblait ce matin-là dégager une sorte de magnétisme, d'énergie sourde et prégnante.

Mais la sœur et le frère s'ignoraient, aucun ne se souciait de l'autre. La mère était encore sous la douche et le paternel était parti faire son sport, scénario classique de la famille Jensen. Pas dupe malgré ses quatorze ans, Lou se demandait si papa ne *fuyait* pas maman. D'ailleurs, ne devrait-il pas la fuir davantage maintenant qu'ils étaient en vacances et qu'il était obligé de la supporter sans bénéficier d'aucun des appels d'air habituellement fournis par le travail ? Pauvre papounet qui ne devait plus beaucoup baiser avec maman…

Iris avait rejoint ses enfants, emmitouflée dans le peignoir en éponge blanc fourni par le Resort, les yeux cernés malgré le bronzage, la peau du visage tendue sur les os. Habituellement, elle faisait de sacrés efforts pour se maintenir en forme et paraître joviale, le résultat était convaincant, cela laissait présager à Lou que les décennies à venir ne seraient pas l'équivalent d'une dilapidation du « capital beauté », mais une simple concession au temps qui passe, distillée avec parcimonie jusqu'à cet âge avancé où l'on constaterait qu'elle avait été une « belle femme », l'essentiel ayant été préservé avant la chute définitive.

Iris avait saisi la cafetière en tremblant. Pas besoin d'être Madame Soleil pour deviner que leur mère était agitée, en proie à des états d'âme qui la tourmentaient.

— Mauvaise nuit ? avait demandé Lou.

— Pas du tout. J'ai très bien dormi.

— Alors, c'est quoi qui va pas ? Y a pas assez de soleil ?

— Où sont les petits pains ? Lou ! Stan !

Stan avait sursauté avant de hausser les épaules, laissant

Lou se débrouiller toute seule. Au moins, d'entendre sa mère hurler son nom l'avait sorti de ce drôle de malaise qui l'attirait à l'intérieur du tableau. Il aurait juré entendre les gnomes murmurer dans une langue qu'il ne comprenait pas. Les hobbits de Tolkien étaient autrement plus sympathiques. Il décida de s'asseoir sur la balancelle de la véranda, endroit idéal pour se tenir à l'écart de leur dispute.

– J'avais faim, et alors ? dit Lou. T'es ma mère, non ? T'es censée t'occuper de tes enfants d'abord, c'est comme ça que ça se passe !

– La corbeille était *remplie* de petits pains ! Tu n'as aucune considération pour les autres. Tu es juste une montagne d'égoïsme !

Iris avait beau crier à propos de ces putains de petits pains, Lou savait que sa mère perdait chaque jour du terrain en ce qui concernait son éducation. Elle avait simplement réglé son taux d'écoute au minimum, feuilletant « La Brochure » à même la table et choisissant « Beach Volley ». Il suffisait de composer le numéro du standard et une voiturette viendrait la chercher dans la demi-heure.

– Petite conne insolente ! avait crié Iris en lui arrachant le catalogue des mains et en le jetant par terre.

*

*   *

Les cris hystériques de sa mère étaient maintenant une vague réminiscence. En compagnie de trois autres filles de son âge – Joy, Lorie et Manon –, Lou se tenait au bord du terrain de « beach volley » aménagé à l'ombre des cocotiers. Voir ces quatre jeunes filles en maillot de bain, la sueur perlant sur leurs corps quasi parfaits, leur poitrine haletante après l'effort, était une vision de crise cardiaque pour vieux beau. Pour les plus jeunes, un corollaire à la frustration. Et pourtant, au milieu de ces naïades nubiles, la figure de Dave réussissait à capter l'attention : il incarnait la forme masculine dans la perfection de ses lignes et de ses proportions. Dave avait décrété un *time out* et réitéra son explication du service « smashé ». Les bouclettes humides de ses cheveux blonds dessinaient de petites arabesques éphémères dans l'arrière-fond du ciel bleu. Dave acheva d'envoyer le ballon par-dessus le filet dans un mouvement fluide et puissant. Des gouttelettes de sueur giflèrent comme une pluie fine et chaude le visage de Lou qui se surprit à sortir la pointe de sa langue pour se lécher les lèvres.

La balle roula sur le sable et s'immobilisa dans un creux. Dave observa les filles en silence, défia leurs grands yeux pleins de désir, de peur et d'effronterie. Dave posa ses grosses mains aux veines saillantes sur ses hanches minces là même où l'hypothèse de poignées d'amour serait une bonne blague.

Dave leur sourit :

– Et si on laissait tomber le sport pour boire quelques cocktails dans un coin tranquille ?

À votre avis, qu'ont répondu les filles ?

5

Clôture

Habitué aux indicateurs de performance fournis par sa montre de sport, Paul s'agaçait lui-même en consultant son poignet nu, compulsion du triathlète. Courant sur le sable, il estimait sa vitesse moyenne à environ treize kilomètres par heure. En d'autres lieux parsemés de repères – panneaux, habitations, bornes, piquets, arbres –, Paul aurait été capable d'évaluer sinon le temps, du moins la distance parcourue.

Il avait d'abord suivi la courbe de la baie, puis emprunté un chemin traversant une zone de végétation avant de se retrouver sur la plage qui se perdait dans un mirage de chaleur. Paul s'était fixé pour objectif d'atteindre la clôture du Resort. À un certain moment, il lui semblait l'avoir aperçue – non, il l'avait *vue*, il en était sûr – et la clôture marquerait la distance de sa course. Une fois l'objectif atteint, il rebrousserait chemin et, pour ce matin, ce serait bien assez.

La clôture devenait la ligne de mire, l'idée fixe. Ses pieds foulaient à un rythme constant la zone serpentine de la plage mouillée par le ressac. Les muscles de ses jambes fournissaient un supplément d'effort chaque fois que ses pieds s'enfonçaient dans le sable ramolli, perte infime d'énergie allant s'accumulant.

Au détour d'une de ces multiples déviations concédées au détriment d'une droite idéale, Paul vit la barrière se détacher nettement à l'horizon. Il força la cadence, augmenta ses pulsations, approchant la zone rouge. Têtu, il se lança à corps perdu vers son but.

*

* *

Lorsque ses doigts agrippèrent les losanges de métal tressé, Paul n'était plus qu'un torchon de peau humide. Sa cage thoracique se gonflait, à la recherche de tout l'oxygène possible. Il tomba à genoux, les mains toujours accrochées au grillage, les doigts entortillés dans les interstices d'un temps retrouvé.

– Je t'ai eu, putain !

Il rit comme un enfant, toussa, retrouva peu à peu une respiration régulière. Il regarda autour de lui : à gauche, l'océan et les rouleaux de mousse déferlant au loin, après les récifs barrières. À droite, en bordure de la plage, la végétation s'élevant autour du point culminant du massif volcanique, dont un voile de nuages paresseux masquait le sommet.

Quelque chose clochait, pourtant : il regarda à nouveau de chaque côté. Il n'était rien, une mouche sur une crotte, la crotte en équilibre sur un univers liquide. Paul redressa la tête. Il remarqua l'anomalie à l'instant même où la soif se manifesta, effaçant sa salive dans sa bouche comme le tuyau d'aspiration d'un dentiste : les trois niveaux de fils barbelés au-dessus de la clôture étaient orientés vers *l'intérieur* du Resort.

De quel côté se trouve la menace ?

Paul ricana, en déduisit que la main-d'œuvre autochtone atteignait des sommets d'incompétence. Il redevint sérieux quand il prit conscience que la clôture se prolongeait sur une trentaine de mètres dans l'eau, suivant le dénivelé de la plage, s'arrêtant là où commençaient les pinacles coralliens.

Le poison. Le poison du corail.

Soit on le savait et là, personne n'était assez fou pour

72

tenter une sortie par la mer, soit on l'ignorait, et dans ce cas, sans les secours adéquats, on en mourait.

Et pour aller où ? Nomad First affichait un périmètre de 163 kilomètres.

Un bourdonnement soutenu interrompit ses pensées. Inquiet, il chercha d'abord autour de lui l'origine de ce bruit, puis leva les yeux. Un drone d'environ un mètre de diamètre, muni de quatre hélices, se tenait à une dizaine de mètres au-dessus de sa tête. Paul fixa l'œil de la caméra intégrée. Il eut soudain envie d'être chez lui, dans sa villa au bord du lac Léman. Il était même disposé à regagner sur-le-champ son bureau de la rue du Rhône avec vue sur la rade et le Jet d'eau. Retrouver sa vie, ses amis, ses collègues, le quotidien rassurant d'un monde qui était le sien, qu'il connaissait.

Il baissa la tête. Une crampe serra son estomac vide, lui rappelant que, hormis les crackers trouvés dans le sac d'Iris, il n'avait rien mangé depuis le déjeuner de la veille.

La soif. La fatigue. Et maintenant la faim.

Le drone quitta son vol stationnaire et disparut.

6

Centre du bien-être

Après l'épisode du Little Market, Vera avait proposé à Iris de l'emmener au Centre du bien-être. D'abord réticente à cause de son indisposition, elle avait fini par se laisser convaincre : « Quoi de plus naturel ? Vous êtes une femme, il n'y a aucune gêne à avoir. Nous sommes entre nous, Iris. La présence des hommes n'est pas autorisée. »

Vera l'accompagna au volant d'une golfette. Avant de la quitter, elle prit à nouveau sa main dans les siennes, tandis que ses yeux lui disaient : *Nous t'aimons, Iris. Nous t'aimons tous et tu es la bienvenue ici.*

Dans les vapeurs du hammam, Iris reconnut plusieurs des femmes vues au Little Market. Chacune se présenta. Durant le séjour, elle aurait à peine le temps d'assimiler leurs prénoms pour les oublier aussitôt. Quoique, avec Facebook, certaines rencontres perduraient dans le monde virtuel.

Après un bain de vapeur, Iris enchaîna avec une épilation des jambes à la cire chaude, refusa le bikini, gênée. Après quoi, elle s'assoupit en salle de repos où Brigitte, une quadragénaire au corps athlétique, insista pour qu'elle se fasse masser par Tura, « la meilleure », dit-elle.

Tura l'accueillit dans une salle taillée à même la roche et éclairée en tout et pour tout par un puits de lumière. La table de massage était un bloc de granit. La vieille femme à la peau sombre et parcheminée lui fit signe de s'allonger sur le ventre. Elle ouvrit un pot et trempa ses mains dans une décoction aux relents d'algues. L'odeur repoussante finit par se dissiper au fur et à mesure que la vieille palpait Iris, comme si la matière visqueuse se dissolvait à l'intérieur de son corps, absorbée par sa peau.

Elle perdit peu à peu conscience d'elle-même. Tura la fit se retourner sur le dos. Les avant-bras vigoureux de la vieille femme écartèrent ses dernières réticences. Allongée nue sur la pierre humide et fraîche, un simple pagne recouvrant son pubis, Iris se laissa toucher sans plus ressentir la moindre gêne. Son corps était là, son corps était à prendre. La femme trempa à nouveau ses mains dans le pot, puis l'enduisit d'onguent des pieds jusqu'au ventre où elle s'attarda en des mouvements concentriques, selon des points spécifiques qu'elle semblait relier au fur et à mesure qu'elle enfonçait ses doigts maigres dans la chair d'Iris. La vieille traçait maintenant des réseaux invisibles sur son abdomen, lignes de métro suburbaines constituées de fibres et de vaisseaux sanguins, des tuyaux plus vastes que sont les veines et les artères, à l'intérieur même des viscères, jusqu'à toucher ce point douloureux où les ovaires deviennent le centre du monde.

Iris sentit quelque chose se décrocher au fond d'elle-même. Un cri venu de loin sortit de sa gorge. Son écho se répercuta hors de la grotte, rebondit de salle en salle, sur les murs obscurs imprégnés d'eau saline et de sueur, parcourant l'entier labyrinthe du souterrain auquel seules les femmes avaient accès et où aucun homme ne pénétrerait jamais.

7

Abandon

Denise leur indiqua un sac-poubelle dans lequel les enfants jetèrent leurs sandwichs. Elle ramassa les accessoires de plongée, les mit à sécher dans la cahute où elle entreposait son matériel.

Elle revint sous la véranda, ses tongs frottaient sur le plancher couvert de sable. D'un geste fluide, elle accrocha son sac à dos sur une épaule :

– Pour retourner à vos habitations, c'est facile : vous prenez la route et vous marchez trois kilomètres.

La fille leur indiqua vaguement une direction et descendit les escaliers menant à la plage.

– Mais... Vous ne pouvez pas nous laisser comme ça ! s'indigna Charlotte.

Denise se retourna, sourit et leur fit signe de se mettre un doigt. Charlotte, Hugo et Stan en restèrent abasourdis. Ils la virent s'éloigner sur la plage et disparaître dans les frondaisons. D'habitude, ils vivaient dans un monde où on les prenait en charge vingt-quatre heures sur vingt-quatre et sept jours sur sept : famille, école, loisirs, nounou, et voilà qu'on les lâchait dans la nature.

– Peut-être qu'on devrait la suivre ? suggéra Hugo.

Ils dévalèrent l'escalier, remontèrent la plage et s'engouffrèrent dans l'ouverture taillée dans la végétation. Des cris d'oiseaux les firent sursauter. Leurs yeux durent s'accommoder à la pénombre. Les traces de Denise se confondaient avec d'autres empreintes de pas. Le chemin menait à la route. Ils eurent le temps de voir Denise monter sur le plateau arrière d'un pick-up où d'autres jeunes filles lui firent de la place, avant que le véhicule ne redémarre.

Stan reconnut le modèle Ford qui les avait emmenés au Resort.

– Ben oui, fit Charlotte. C'est la seule voiture de l'île.

Stan essayait de réfléchir. C'était comme de descendre une pente à ski et de se laisser, peu à peu, prendre de vitesse.

– Dans la voiture, il y avait ma sœur, dit Stan.

Charlotte haussa les épaules, Hugo se mordit la lèvre.

– Ben quoi ?

– Nous aussi, répondit Charlotte.

– Nos sœurs, ajouta Hugo. Nos sœurs y sont aussi.

8

Retour

Paul ne rencontra personne sur la plage. Soucieux de gérer ses énergies et de repousser la soif, il veillait à ne pas s'éloigner de la zone humide. Par chance, les quotients de marées sont négligeables près de la ligne de l'équateur. Une marée haute l'aurait contraint à marcher dans le sable brûlant. *Merci, mon Dieu, de m'épargner cette peine.* Il ricana, les dents jaunes sous le soleil au zénith.

L'eau de mer était un supplice qu'il ne pouvait pas boire. Il se rinçait la bouche et recrachait. L'apaisement durait peu, la morsure du sel augmentait sa soif.

Paul ne s'était pas rendu compte qu'il avait autant couru. Sa marche, toujours plus lente, semblait étirer la distance du retour. L'épuisement du décalage horaire lui tombait dessus. *Trop de variables, marché instable.* À moins que ce ne soit un coup de soleil ? *Conjonctions négatives, manifestation d'éléments convergents poussant à la saturation du système.* La veille encore, il bouclait sa valise et montait dans la chambre des enfants, les exhortant à se dépêcher, car le taxi arrivait. *Et si on tentait le coup de bluff ? Négatif, les indicateurs sont dans le rouge, on ne bouge pas pour l'instant.* En ce moment même, ses collègues se réunissaient en *conference call* dans la salle ovale où Dirk se toucherait discrètement les couilles sous la table, où Eleanor ne cesserait de se racler la gorge, signe évident de stress chez elle, où Fred dirait bientôt que… *Fred dirait d'arrêter tes conneries, Paul ! Tu marches et basta.* Paul n'était pas avec eux et, bien sûr, le monde continuait de tourner sans lui. Dans la fraîcheur artificielle de l'air conditionné, le confort austère des chaises Knoll et de la table Kinzo. Julian demanderait un *macchiato* et Barbara l'apporterait sur un petit plateau de chez Muji. Oui, Paul était absent, Paul ne regarderait pas ailleurs, évitant le clin d'œil grivois de Julian. *Le monde continue de tourner et bientôt tu retrouveras le tien, tu as juste fait un pas de côté, un tout petit pas de côté, on appelle ça les vacances, d'accord ?*

Paul se demanda où était Iris, ce qu'elle pouvait bien faire pendant qu'il errait sur cette plage. Et Stan ? Et Lou ? Où était sa putain de famille ? Ses pieds nus le faisaient souffrir. Mais d'enfiler les chaussures humides aurait ajouté au calvaire. Des grains de sable. C'est con, hein ? Ces petits trucs à peine visibles à l'œil nu lui meurtrissaient maintenant la plante des pieds. *L'agrégat, c'est l'agrégat qui te fout dedans*, et ce fut la grande déduction du jour, la dernière, parce que Paul préférait ne plus penser. Il y avait cette immense nausée comme une boule creuse au milieu de son ventre, et quand il s'agenouilla pour vomir, il cracha un jet de bile tiède. Mais Paul s'en foutait, il s'en foutait royalement que son estomac se crispe sans rien évacuer d'autre que des glaires, parce que derrière les larmes causées par les convulsions, il aperçut les toits des bungalows, des constructions tangibles qui ne se transformeraient pas en de foutus mirages de chaleur, ne s'éloigneraient pas alors qu'il avançait vers elles.

Il renoua avec les chiffres, les chiffres étaient son domaine, mieux que les phrases, mieux que les mots en général. Il repéra le numéro 27, se traîna le long du chemin menant à leur bungalow. Paul ne leva pas les bras comme il le faisait à la fin d'un triathlon. Il avait terminé une bête séance de course, il n'avait rien gagné du tout.

*
* *

Il fit coulisser la porte vitrée de la véranda, rencontra la fraîcheur du lieu, l'odeur familière et citronnée du parfum de sa femme.

– Iris ? appela Paul. Iris, tu es là ?

Il alla dans leur chambre, ne la trouva pas, mais la porte de la salle de bains était verrouillée.

– Iris, ça va ?

Les mots collaient à son palais. Il avait comme du pain dans la bouche, une mie tendre gonflée par trop de levure. Paul scruta à travers les interstices, ne vit aucune silhouette derrière les panneaux en bois, n'entendit aucun bruit. Il essaya encore d'ouvrir la porte qu'Iris, pour un motif quelconque, avait décidé de fermer à clé en son absence.

Il retourna dans le living et découvrit les reliefs du petit déjeuner sur la table. Des mouches zigzaguaient entre le miel et la confiture, se posaient sur les restes de fromage blanc. Paul fit un dernier effort pour les appeler à la cantonade : Iris ! Stan ! Lou ! Il les nomma tous les trois, mais aucun d'eux ne répondit.

Il se rua sur l'évier, tourna le robinet et but toutes les nappes phréatiques de la terre.

9

Réveil

Il ouvrit les yeux. Iris était assise à son chevet, un sourire de Joconde sur les lèvres. La moustiquaire derrière elle formait comme une aura dans la lumière tamisée. Sa main froide se posa sur son front pour en déterminer la température. Paul interrompit son geste :

— Tout va bien, dit-il. Quelle heure est-il ?

— Je n'en sais rien, peut-être dix-neuf heures ? Tu as dormi tout l'après-midi.

Paul se redressa sur un coude, sentit les courbatures dans son corps. Il grimaça.

— Tu exagères avec tout ce sport, fit Iris.

— Je crois que je vais lever le pied pendant quelques jours, oui.

— C'est le cas de le dire, répondit Iris. Ils sont dans un sale état.

Paul plia une jambe, puis l'autre : la plante de ses pieds était parsemée de cloques.

— Moche, hein ?

— Ça peut s'arranger avec une aiguille et du désinfectant.

— Quel est le morceau que j'entends ? fit Paul.

— J'ai trouvé un CD avec des musiques de films.

— Attends, laisse-moi deviner.

Paul fredonna par-dessus le thème :

— *Scandale au soleil* ?

— Bingo. Tu as gagné un drink. Fais ton choix.

– Le bar est aussi fourni que ça ?

– Tu peux parler d'une putain de taverne, oui !

Paul fut surpris. Le mot « putain » dans la bouche d'Iris était aussi rare que de cueillir un edelweiss. Il sentit alors le léger relent d'alcool dans l'haleine de son épouse, ça lui allait bien, finalement. Malgré les courbatures, il l'attira vers lui, il en avait envie par-dessus tout. Elle se laissa embrasser, s'écarta lorsqu'il se montra trop entreprenant.

– Les enfants ? dit Paul.

– Les enfants grandissent.

Puis, comme pour atténuer l'incompréhension dans le regard de son mari, elle ajouta :

– Lou est sous la douche. Stan joue aux échecs sur sa console. Alors, tu as fait ton choix ?

– Gin tonic, c'est faisable ? Avec une montagne de chips, j'ai une faim d'ogre.

– Tout est possible sauf l'impossible, répondit Iris.

Paul la regarda quitter la chambre, elle se cogna discrètement l'épaule au chambranle.

– Tu as encore trop bu, Sue Ellen ! plaisanta-t-il.

Iris se retourna :

– Au fait, on est invités au cocktail de bienvenue. J'ai repassé ta chemise, mais je n'ai pas trouvé ton pantalon blanc.

– Le blanc ?

– Oui, le blanc.

Paul haussa les épaules.

– C'est fâcheux, mais tu pourras en trouver un dans les boutiques du Little Market, insista Iris.

– Demain, d'accord ? Je me fous du pantalon blanc, ce qui compte, c'est toi.

Iris regarda machinalement son poignet dépourvu de montre :

– Il ne faudra pas trop tarder. Et il n'y a pas de chips,

mon amour. Ni de gin tonic, mais un petit alcool de canne absolument délicieux.

Elle disparut dans le couloir. La mélodie suivante était facile : *Un été 42*. Paul adorait ce film qui lui rappelait ses premiers émois d'adolescent.

10

Fou rire

Silencieuse – on entendait uniquement les légères modulations du moteur électrique varier en fonction du parcours –, la golfette les emmenait à travers les allées fleuries et odorantes du Resort. Les luminaires qui jalonnaient le parc donnaient des allures de féerie à ce déplacement nocturne. À ceci près que leur chauffeur, un petit bonhomme aux mains de poupée, ne semblait pas très à l'aise avec la conduite de son véhicule. Paul voulut lui suggérer d'ôter ses Ray Ban lorsqu'un brusque changement de direction faillit l'éjecter de son siège. Paul s'accrocha in extremis à l'armature en résine de la carrosserie. Il se retourna vers sa petite famille, sagement installée à l'arrière, sollicitant leur approbation silencieuse dans le énième constat d'incompétence du personnel indigène. Approbation qu'il trouva dans le sourire condescendant de sa femme. Lou regardait ailleurs. Stan paraissait préoccupé.

Un rire nerveux secoua Paul sur son siège :

– Oh, merde, fit-il, ça... ça frise... l'absurde !

Sa femme et ses enfants le toisèrent en silence, au moins avait-il capté l'attention de tout le monde, mais aucun d'eux ne réagit à sa remarque, ce qui augmenta son fou rire. Le clou était le petit gars au volant, imperturbable, concentré sur sa conduite, les pieds touchant à peine les pédales ! Entre deux hoquets, il pria le conducteur de s'arrêter, celui-ci obtempéra et Paul sauta à terre, toujours plié en deux. L'air lui manquait et, de les voir tous les quatre assis dans la ridicule voiturette de golf, immobiles, attendant qu'il en finisse et reprenne le contrôle de lui-même, ne fit que redoubler l'intensité de son fou rire. Ne tenant plus sur ses jambes, il roula littéralement au sol, se tenant le ventre, le rire devenant un sifflement de poitrinaire.

Agacée, Iris descendit à son tour, s'approcha de son mari et lui ordonna de cesser cette comédie absurde. *Tais-toi, bon Dieu, c'est pire !* – il la désigna de son index, incapable de s'arrêter – *Toi, Iris, toi ! Toi !* – puis, il indiqua Lou et Stan, sa face cramoisie, les veines gonflées par l'afflux de sang... Et si, comme le prétendaient certains, le rire augmentait l'espérance de vie, alors Paul gagna à cet instant un bon mois d'existence.

Paul essuya ses larmes, remonta dans la voiturette qui redémarra. Personne ne dit plus rien jusqu'à leur arrivée. De temps à autre, un spasme agitait encore ses épaules, mais Paul, entre deux quintes de toux, était en voie de normalisation.

11

Le Club

Mike les reçut devant un pavillon plus imposant que les autres, situé sur la colline au milieu du Resort. Il avait aidé les *ladies* à descendre de l'engin, demandé si leur première journée s'était bien passée. Il pria les Jensen de le suivre, foulant une allée de terre battue balisée par des torchères dont les flammes vacillaient dans la brise du soir.

Mike s'effaça pour les laisser passer. Un indigène s'empressa d'écarter un pan du double rideau qui masquait l'entrée. Ainsi, leur apparut le cœur palpitant du Resort : Le Club.

Voilà où ils sont, songea Paul qui, contrairement à Iris, n'avait encore rencontré aucun — comment les appelait-on, déjà ? – *Résident.*

Une rapide estimation recensa une cinquantaine de personnes réparties autour de la vaste piscine sculptée à même la roche et « remplie d'eau salée », selon Mike. Des spots éclairaient le fond du bassin. Cascades artificielles, remous à bulles et assises naturelles créaient des îlots intimes où des couples, un verre à la main, flirtaient discrètement sous le bruissement des joncs de mer. Les grappes de convives discutaient en laissant échapper, par intervalles, une éruption de rires. D'autres se répartissaient sur les tabourets d'une cahute érigée en bar ou assis aux tables disposées de façon à privilégier les petits comités. Très vite, cependant, on s'apercevait que les groupes se défaisaient puis se recomposaient dans une sorte de ballet fluide et constant.

Ils sont tous là et ils se connaissent.

Le personnel indigène – en format miniature et effacé, comme il se doit – déambulait entre les invités, offrant boissons et amuse-bouches. Les Jensen assistèrent au faux pas de l'un d'eux, lequel emporta dans sa chute un plateau chargé de cocktails. À peine si les invités s'en rendirent compte. On vint immédiatement ramasser les verres en bois et nettoyer le sol. Le temps de prendre ses marques et Paul constaterait que ce genre d'incidents était si fréquent qu'on finissait par ne plus y faire attention.

Ils ont parcouru dix mille kilomètres pour s'agglutiner autour d'une piscine.

Paul constata que les hôtes s'étaient déchaussés, privilège que Paul ne pourrait goûter avant que ses cloques ne se soient cicatrisées.

Mais toi aussi, Paul. Toi aussi tu es autour de cette piscine avec eux.

Un serveur se présenta avec un plateau : cocktails divers pour les adultes (préparés à base d'alcool de canne, seuls les fruits changeaient), jus de fruits pour Lou (qui soupira) et Stan (qui refusa). Quand ils furent servis, Mike appela l'attention de toute l'assistance et l'assistance obéit. Les conversations s'interrompirent, les visages se tournèrent vers le beau Mike dont le bronzage cuivré irradiait. La musique que personne n'écoutait – *le pianiste sans visage*, songea Paul – céda le pas au chant des grillons et au bourdonnement ponctuel des lucanes traversant le jardin.

– *Ladies and gentlemen*, je vous prie d'accueillir la famille Jensen ici présente : Iris. Paul. Lou. Et... Stanislas (il les désigna tour à tour). Que leur séjour dans notre Resort devienne leur paradis comme pour nous tous ici présents !

– *Comme pour nous tous ici présents !* répétèrent les convives à l'unisson.

Suivit une salve d'applaudissements. Paul salua sans conviction. Iris afficha un sourire timide. Lou gonfla sa poitrine. Stan baissa la tête.

— Merci, chers Résidents, conclut Mike. Et comme toujours, la nuit est à vous, mais sans excès ! Pensez à votre santé, la meilleure des assurances-vie !

— *La meilleure des assurances-vie !* répéta l'assistance.

On applaudit et les conversations se renouèrent, feutrées et détendues, comme si cette interruption n'avait jamais eu lieu.

La musique reprit là où la dernière note s'était arrêtée. Mike s'approcha des Jensen :

— Ma partie s'achève ici. Le Club est vaste et plein de surprises agréables. Je vous laisse découvrir tout cela par vous-mêmes. Paul, Iris…

Mike prit congé. Paul se tourna vers son épouse :

— Tu ne trouves pas cela… étonnant ? demanda-t-il.

— Quoi donc ?

— Eh bien, tout ça…

— Pour une fois qu'on est *accueilli* quelque part, tu ne vas pas te plaindre, non ? Pas comme à Marrakech où j'avais l'impression d'être une pompe à fric.

Paul baissa la voix pour que Lou et Stan ne l'entendent pas :

— Qu'est-ce qu'on fait avec eux ?

— Comment ça ?

— Il n'y a que des adultes ici. Tu ne crois pas qu'ils vont s'ennuyer ?

— Mais non, Paul, tu es bête. Tout est prévu. Il y a des enfants, mais ils sont *ailleurs*.

Deux indigènes emmenaient Stan et Lou dans une autre zone du Club. Lou les suivit sans broncher. Stan chercha son père du regard.

— Tout de même, chérie, je voudrais bien savoir où ils vont, fit Paul, mais Iris n'était plus là pour l'écouter.

Il regarda autour de lui, on le dévisageait en souriant. Son pantalon bleu était la seule tache de couleur parmi les invités vêtus de blanc.

12

Constat

Paul se sentait un peu comme Peter Sellers dans *The Party*.
Il avait bu coup sur coup plusieurs des breuvages proposés et,
sur la lancée, échangea à nouveau son verre vide contre un
plein – *comment nomme-t-on un verre qui est en bois, bordel ?*
Il déambulait au hasard, saisissant des bribes de discussion :
    – *Lors du triathlon de Tenerife, nous étions...*
    – *D'après Standard & Poor's, il fallait...*
    – *Ma Porsche avait...*
    – *Cette baby-sitter était...*
Un monde familier.
Rassurant.
Le monde qu'il connaissait.
Son monde.
Paul termina son cinquième verre, à moins que ce ne fût
le sixième *bois* ? Ah ! Ah ! Il se surprit à fredonner les notes
jouées par le piano – *Scandale au soleil* – et il pensa : *La
suivante sera* Un été 42.
Il chercha dans les recoins plus sombres, près de la cahute,
mais il n'y avait pas de musicien. Les enceintes, discrètes,
donnaient l'illusion de se trouver dans un piano-bar.
Introduction aux violons, reprise au saxophone du thème
général. Piste 7, Michel Legrand.
Bingo.
A Summer '42.
Paul trouva soudain moins sympathique l'histoire de ce

jeune homme découvrant l'amour avec une femme plus âgée dans une maison isolée proche de l'océan.

Il eut juste le temps de s'emparer d'un de ces verres en bois avant qu'il n'assiste, dans l'absence de fracas de verre brisé, à une nouvelle chute domestique.

13

Alliance

Iris enroula la serviette hygiénique – un grossier rembourrage de coton que lui avait recommandé Vera, c'était tout ce qu'elle avait pu trouver au Little Market – dans du papier et le jeta dans la poubelle en osier. Elle vérifia que la nouvelle serviette était bien ajustée, lissa sa jupe par-dessus et sortit des toilettes.

Elle ouvrit le robinet, passa ses mains sous l'eau tiède. Elle avait des ongles affreux, rongés, les cuticules enflammées. Demain, elle irait au Centre du bien-être arranger cela, les femmes rencontrées ce matin (oui, c'était bien ça, Chantal, Sophie et Sylvie, elle-même s'étonna de si bien s'en souvenir) avaient des ongles magnifiques, *elles*.

Elle ressentait du plaisir à laisser ainsi ses mains sous l'eau tiède, un peu visqueuse, s'étonna-t-elle. Comme si elle contenait une matière huileuse dégageant une légère odeur de soufre. Iris se frotta les doigts, l'un après l'autre. Elle s'attarda sur l'annulaire de sa main gauche. Iris était mère. Iris avait donné deux fois la vie, son corps se déchirant au moment où sortait la tête de l'enfant.

Non, Paul, tu ne sais pas ce que signifie cette douleur.

Iris déplaça son alliance, massa le durillon sur la face interne. Une légère douleur remonta le long de son bras. Elle ferma le robinet. S'essuya les mains.

Elle s'approcha de la glace ovale piquée de taches noires, se toucha le visage : pommettes, tempes, nez, bouche, front. Iris se voyait comme elle ne s'était plus vue depuis l'adolescence et la plénitude de sa jeunesse.

Elle fit un pas en arrière, ajusta le soutien-gorge sous le décolleté et sortit.

Iris fut surprise de trouver Vera qui l'attendait à l'extérieur.

— Tout va bien, Iris ?

— Tout va très bien, Vera.

14

Jenny

Lou était au seuil de la libération.

Achever d'écarter l'enfance, de l'éloigner définitivement de son corps en mutation. S'affranchir de ses parents, s'approprier son ventre.

Fuck you.

Prendre enfin le contrôle d'elle-même. Ne pas avoir à demander l'autorisation. Aller contre, devenir comme les autres. Tu sauras, Lou. Tu sauras bien assez tôt.

En attendant, elle se tenait au seuil de la mutation en compagnie de Joy, Lorie, Manon.

Et Jenny.

Mais Jenny restait à l'écart de leur groupe. Un peu plus âgée, dix-sept ans. Blonde virant sur le roux. La seule à avoir la peau très blanche, s'adapte mal aux bains de soleil. Sous les tropiques, un minimum d'exposition est suffisant pour faire ressortir les taches de rousseur.

On avait guidé Lou sous cette pergola remplie de coussins sur lesquels elle s'était vautrée avec les autres. Sous leurs pieds, à travers les interstices du plancher, on devinait les méandres de la piscine polymorphe. Un escalier descendait sous les pilotis, emmenant le nageur dans l'eau turquoise et tiède.

Jenny leur tournait le dos, tête basse. De leur côté, les filles buvaient des jus de fruits avec des pailles de bambou.

— Pourquoi elle ne vient pas avec nous ? chuchota Lou.

— Jenny ? Laisse tomber, fit Lorie. Elle nous snobe.

– On n'est pas assez bien pour elle, voilà le truc, ajouta Manon. Merde, pourquoi on nous donne à boire des trucs d'enfants ? J'aimerais bien de l'alcool.

– Vodka ? fit Lou.

– Oublie la vodka, dit Lorie.

– Ouais, approuva Joy. Comme Dave. Lui aussi nous a filé des trucs de gosses… Il nous a allumées, puis rien. J'ai bien vu qu'il bandait sous son short…

Les filles pouffèrent. Joy sortit un paquet de cigarettes froissé n'affichant aucune marque :

– Il y en a juste quatre.

– C'est quoi ? dit Lou

– Des mentholées, répondit Joy. Ma mère oublie ses paquets un peu partout dans la maison.

– Dans le bungalow, rectifia Lou.

– C'est quoi le problème ? demanda Lorie. T'es prof de langue ?

– Te vexe pas. C'est juste que pour moi, la maison, c'est… C'est chez moi, pas ici.

Les filles se regardèrent sans rien dire, excluant Lou de leur conciliabule silencieux.

– J'ai dit quelque chose qu'il fallait pas ?

– T'as pas l'impression que ta mère s'emmerde ?

C'était Joy et elle changeait de sujet.

– À fond, répondit Lorie.

– La mienne pareil, fit Manon. Et la tienne ?

– Moi ? répondit Lou. Elle est hyperactive, alors je suppose que oui. Dites… Au fait, vous êtes arrivées ici quand ?

Les filles haussèrent les épaules.

– C'est quoi, un secret ? insista Lou.

– J'en sais rien, dit Joy sur un ton agressif. Qu'est-ce que t'en as à foutre ?! T'es pas bien, ici ? Il te manque quoi ?

– Ben, je… Je n'en sais rien, répliqua Lou, soudain intimidée.

– C'est ça, t'en sais absolument rien, décréta Lorie.

– On a tout, ajouta Manon.

– Tu te lèves le matin et ton seul problème est de savoir où poser ton cul le reste de la journée, reprit Joy. La terre entière voudrait être à ta place, *bitch*.

– Eh, pourquoi tu m'appelles comme ça, je… ?

– Quand on a tout, on la ferme, d'accord ? ordonna Joy en allumant sa cigarette.

Les deux autres l'imitèrent. Lou voulut prendre la sienne, Joy lui retira le paquet au dernier moment.

– S'il te plaît, la pria Lou.

– T'en as envie, hein ? fit Joy.

Lou opina. La perspective de se retrouver sans copines la paniqua. À quatorze ans, on ne s'affranchit pas toute seule de ses parents, on ne s'approprie pas toute seule son corps. Lou n'avait pas cette force de caractère.

Joy lui laissa le paquet. Lou en fut soulagée et sortit la cigarette, demanda du feu autour d'elle. Joy donna son assentiment à Manon qui frotta une allumette, autorisant ainsi Lou à revenir au sein du groupe.

Lou demanda :

– Qu'est-ce… Qu'est-ce qu'on fait, maintenant ?

Les filles ne réagirent pas, leurs beaux yeux vides regardaient à travers elle. Le silence était le bruit ténu d'une cascade. Un courant qui emmenait la jeunesse, les espoirs, la force comme un morceau de bois flottant, leur faisant faire une chute de quelques mètres dans un bassin à peine plus grand que le précédent, et la jeunesse, l'espoir, la force étaient rendus à la dimension de petites bulles tièdes éclatant dans la nuit étoilée, se dissipant dans le rien, le vide et l'inutile.

– Mais qu'est-ce qu'il y a, putain ? s'irrita Lou. J'ai l'impression de dire que des conneries !

– Tu es sur l'Île, ma vieille, intervint alors Jenny dans leur dos.

Seule Lou se retourna.

– Et sur l'Île, tout est *parfait*.

Jenny s'était levée et alluma à son tour une cigarette. Elle n'était pas seulement la plus âgée, mais aussi la plus grande physiquement. Un corps athlétique, de solides épaules de nageuse. Elle portait un sarong blanc identique à celui des indigènes. Pour une raison qui échappait à Lou, Jenny avait renoncé au leadership de leur groupe, et Joy s'était naturellement imposée pour prendre la place vacante.

— Tout est parfait, oui. Le temps. Les êtres. Les choses. Même l'ennui est parfait, dit encore Jenny d'une voix plate.

Mike et Vera apparurent alors sur le seuil.

— Il est difficile de parler, Lou. Tu comprendras ça. Ou tu ne comprendras pas. Ou tu ne voudras pas comprendre, et tu choisiras ton camp. Comme elles, comme toutes celles qui sont ici…

Jenny désigna les autres filles tandis que Mike et Vera entraient dans la pièce.

— Tu dois te reposer, lui dit Vera.

— Le processus est en marche, ajouta Mike. Le sommeil est nécessaire.

— Mais je suis parfaitement *reposée*, connards !

Jenny se débattit, mais ses gestes apparaissaient sans vigueur. Mike et Vera l'emmenèrent dehors.

— Une timbrée, décréta Joy. Au cas où tu ne l'aurais pas compris.

Lou acquiesça et tira une bouffée sur sa cigarette. Sur le biceps de Jenny, elle avait eu le temps de voir les traces rouges et profondes imprimées sur sa peau blanche lorsque Mike avait relâché son étreinte.

15

Kid's Place

Stan ne comprenait pas ce qu'il faisait là. À bien y réfléchir, c'était un sentiment récurrent. Il ne pouvait pas l'exprimer aussi clairement à son âge, mais il avait l'impression d'être un objet qu'on déplace d'un point à un autre. De la maison à l'école. De l'école aux études surveillées. Des études surveillées à la piscine. De la piscine au cours de piano. Et retour à la maison. En comparant le temps passé avec sa mère et avec Pilar, sa nounou colombienne, un bête calcul démontrait que cette dernière l'emportait haut la main. Au point que Stan était devenu bilingue en français et espagnol.

De quelle langue maternelle s'agissait-il ?

Ainsi, à l'autre bout du monde, l'enfant-objet continuait à être placé et déplacé. L'autre question qu'on ne se pose pas à neuf ans est : pourquoi faire des enfants dans ce cas ? On ne se la pose pas à ce stade de l'existence, car dans son évolution de bébé-éprouvette à enfant-objet, Stan était dans la vie. Quoi que l'on pense et que l'on dise de sa timidité et de son introversion. Stan était là, bien vivant dans son corps maigrichon et, comme tout un chacun, déterminé à s'adapter pour survivre.

Dans cette sorte de crèche géante qu'était le Kid's Place au sein même du Club, Stan captait l'essence du darwinisme social. D'un côté, les garçons. De l'autre, les filles. Dans la salle peinte en bleu (♂) et rose (♀), chaque sexe s'appropriait des jouets ou des activités dans le secteur qui lui était réservé. La seule animation commune était une sorte de « gymnastique défouloir » où les enfants s'élançaient sur des trampolines fabriqués avec des bandes de caoutchouc et roulaient sur des tapis remplis de sciure protégés par des filets de sécurité. Ceci sous le regard vide et abourique de moniteurs sculpturaux qui semblaient se réveiller seulement lorsqu'un enfant se manifestait de manière intempestive ou sortait du rang. Si un gamin s'endormait sur son tapis de jeu, on le portait au fond de la salle où des matelas étaient disposés au sol. À ceux qui avaient faim et tenaient le coup malgré l'heure tardive, on distribuait des friandises au cacao ou des jus de fruits. Le volume sonore était à peine supportable pour les enfants eux-mêmes. Les moniteurs portaient des boules Quiès et attendaient que le dernier s'écroule.

Stan repéra Hugo qui jouait avec des formes en bois. Sa construction évoquait une station spatiale et il était occupé à terminer une sorte de radar géant.

— C'est un capteur de rayons gamma, expliqua Hugo. Le rayonnement électromagnétique produit par la désexcitation d'un noyau atomique résultant d'une désintégration.

— La radioactivité gamma, oui, dit Stan. Les rayonnements issus de l'annihilation d'une paire électron-positron dont les propagations ont des longueurs d'onde inférieures à dix picomètres…

— Et des fréquences supérieures à trente exahertz…

Stan et Hugo se dévisagèrent, amusés, complétant à l'unisson :

— Ils peuvent avoir une énergie allant de quelques keV1 à plusieurs centaines de GeV !

Ils rirent, l'étincelle dans leurs yeux pareille au soufre d'une allumette frottant sur un grattoir.

— Et Charlotte ? demanda Stan.

— Là-bas, fit Hugo.

Charlotte les salua. Dans une main, elle tenait la vague

imitation d'une poupée Barbie et dans l'autre, l'évocation d'un Ken – figurines élaborées à partir de gomme d'hévéa.

Elle vérifia que personne ne faisait attention à elle, arracha les deux têtes et les intervertit sur les corps. Ken se retrouvait maintenant avec une poitrine conséquente, de longues jambes et vêtu d'une robe blanche. Barbie avait développé une musculature aux épaules massives et un torse puissant, chemise et pantalon immaculés achevant la métamorphose. Charlotte rit de sa bonne blague, Hugo et Stan s'esclaffèrent. Stan vit Denise qui les observait et cessa de rire.

16

Ivresse

Emma Peel – alias Diana Rigg dans *The Avengers* – l'aborda sous les bruissements des feuilles de bananier.

Paul fait son cinéma, ah ! ah !

Enfin, le sosie de Diana Rigg, car Paul était ivre. Complètement cuit par la fatigue et l'alcool. Assis dans un fauteuil en osier suspendu, il touchait terre du bout du pied, juste ce qu'il fallait pour ne pas flotter dans les airs. Paul se sentait au poil, léger, très loin de sa femme et de ses enfants happés par le Club, ainsi va la vie.

Diana Rigg prit place dans le fauteuil voisin, remonta ses pieds nus sous ses cuisses. Paul entrevit la culotte blanche sous la jupe de même couleur. Le chemisier sans manches libérait des bras fins, au bronzage doré et lisse. Iris avait plus ou moins les mêmes, mais ceux de Emma Peel/Diana Rigg avaient l'attrait de la nouveauté : on ne sait jamais comment une paire de bras vous étreint ni avec quelle intensité.

— Bonsoir, je suis Christelle.

Une voix chaleureuse, amicale.

— Paul (il marqua un temps d'hésitation dû à une remontée acide), Paul Jensen. Enchanté.

Ils échangèrent une poignée de main. Au-dessus de leur tête, les chaînes reliant les fauteuils à l'armature en métal cliquetèrent. Deux trajectoires se rapprochaient, deux lignes de vies croisées au hasard des vacances. Christelle plia un bras derrière la nuque. Paul imagina le bout de sa langue au contact de l'aisselle épilée, découvrant le goût de l'autre, l'odeur léchée et avalée, dans sa bouche.

Christelle soupira :

— On est si bien ici, n'est-ce pas ?

— Pourquoi tout le monde est-il en blanc ? demanda-t-il.

Christelle sourit, ses dents blanches elles aussi, comme dans la publicité Machin. Ce sourire soulignait l'évidence, définissait la bienveillance de celui qui sait au détriment de l'ignorant :

— L'Île est une grande famille, Paul. Vous aimez la famille et la famille vous aime. Iris et Lou semblent déjà le savoir, les femmes ont toujours un temps d'avance sur les hommes...

Paul posa le menton sur son sternum, regarda son pantalon bleu qui se fondait dans l'obscurité striée de lumière.

— Et moi, où suis-je ? demanda Paul.

— Vous êtes dans l'antichambre, Paul. Vous réfléchissez sur l'Île et l'Île réfléchit sur vous.

— Mais de... de quoi parlez-vous, Christelle ?

Il voulut s'extraire de sa coquille en osier et chuta. Christelle le regarda se relever, amusée, alors qu'il s'accrochait à ses jambes. Sa main glissa sous la jupe, Christelle ne s'en offusqua point. Il la retira comme s'il l'avait mise dans le feu.

Dans sa tête, la mélodie au piano se mit à jouer pour la énième fois, se confondant avec toutes les autres.

— Vous aimez *Docteur Jivago* ? Moi, j'adore, fit Christelle en se levant à son tour. Laissez-moi vous raccompagner à la maison, vous n'y arriverez pas tout seul.

Christelle souleva le bras de Paul et se coula sous son épaule :

— On y va ? fit-elle.

Elle n'était pas beaucoup plus petite que lui, finalement. Ou alors il s'était avachi et il avait effectivement besoin de son soutien. Elle ajouta d'un ton autoritaire :

— Ne refusez pas mon aide, Paul.

Accroché à cette inconnue, il n'eut même pas à avoir

honte. Les Résidents s'écartaient sur leur passage, ne leur accordaient aucune attention particulière. Il se laissa guider jusqu'à l'extérieur du Club où Christelle le fit asseoir dans une golfette.

– C'est… C'est vous qui conduisez ?

– Oui, pourquoi ? Il suffit d'appuyer sur la pédale de l'accélérateur…

– Je veux dire : le personnel est déjà couché ?

Christelle s'installa au volant :

– Bientôt, vous ne vous soucierez plus de savoir l'heure qu'il est. Soyez patient, le temps est notre ami.

Alors qu'elle s'apprêtait à démarrer, Paul regarda derrière lui. Il ignorait pourquoi, mais il regarda derrière lui à ce moment-là. Une voiturette conduite par Vera quittait précisément le parking.

Iris ?!

– Hé, Iris !

– Paul ? Ça ne va pas ? demanda Christelle.

– Je… J'ai cru voir ma femme, je…

Christelle démarra, sortit à son tour du petit parking et s'engagea dans une allée bordée de lumières ouatées.

– Vous avez une haleine épouvantable ! Tenez, prenez ça !

Paul déballa le bonbon et le mit dans sa bouche. Le goût était amer et citronné. De toute façon, bourré comme il était, il aurait pu avaler à peu près n'importe quoi.

– Qu'est-ce que c'est ? demanda-t-il.

– Des vitamines, fit Christelle en posant une main sur son entrejambe.

JOUR 3

1

Douche

Avant même d'ouvrir les yeux, Paul sut qu'il était seul dans la maison. Ce fut d'abord un pressentiment et puis une certitude quand, allongé nu sur le lit, sa main rencontra le vide à côté de lui, ce vide incluant dans son silence le poids d'une menace.

Il se leva, le corps en sueur et parcouru de frissons, passa le short boxer qu'il trouva au pied du futon. Il voulut connaître l'heure, mais le temps continuait de se cacher, inutile de regarder sa montre.

Paul passa devant la chambre de Stan. Un courant d'air agitait la moustiquaire. Il resta au seuil de la pièce, la fraîcheur semblait apaiser sa migraine cinq étoiles. Il regarda le sac de voyage ouvert de son fils, les habits pliés sur l'étagère en rotin. Sur la commode, l'échiquier électronique était éteint. Voilà deux ans, maintenant, la directrice de l'école les avait convoqués, Iris et lui, pour leur communiquer que leur enfant possédait un QI supérieur à la moyenne et qu'il faudrait envisager un cursus scolaire adapté à son potentiel. Alors que Lou peinait et se montrait peu assidue aux études, Stan était le petit génie de la famille.

En sortant de leur rendez-vous, ils étaient allés boire un verre dans un café. Ni l'un ni l'autre ne savaient quoi en penser. Cette intelligence disproportionnée les rendait fiers et en même temps les inquiétait. Paul et Iris n'étaient pas adeptes des extrêmes. Ils considéraient le juste milieu comme une hygiène de vie, le secret qui déterminait une existence stable et confortable.

– Tu le vois dans une classe où les autres enfants ont deux ans de plus que lui ? avait demandé Iris.

Paul avait souri. Stan avait le physique d'un futur Woody Allen.

– Alors quoi ? avait insisté Iris, on l'inscrit dans le privé ?

– Non. On le laisse où il est.

– Tu crois ?

– J'en suis sûr. Il ira à l'école avec les enfants de son âge, jouera aux jeux des enfants de son âge. L'intelligence est une chose, l'affect en est une autre. On fera en sorte de développer ses facultés et de le stimuler en dehors de l'école.

– Corps sain dans un esprit sain ? demanda Iris, amusée.

– C'est-à-dire ?

– Piscine et piano ?

Paul avait acquiescé. Il aurait voulu profiter de cet instant pour lui demander ce qui clochait entre elle et son fils, pourquoi elle restait toujours sur sa réserve à l'égard de Stan. Mais il avait manqué de courage cet après-midi-là, et le train était passé. Iris était de bonne humeur, disposée à continuer la soirée, les enfants passant le week-end chez mamie et papy Jensen. Ils avaient dîné dans un restaurant italien, avaient enchaîné avec *The Dark Knight Rises* au cinéma et avaient bu quelques Irish coffee dans un pub jusqu'à la fermeture. De retour chez eux, Iris l'avait chevauché dans la Cayenne garée sur l'esplanade devant leur villa. Au cours de la nuit, elle l'avait presque violé dans leur chambre. Iris était en pleine ovulation et se retrouva enceinte peu après.

Sans PMA. Sans FIV. Sans toute cette saloperie de technologie médicale. Oxymore entre un désir animal et le refus rationnel.

Leur dernière nuit de véritable abandon avant l'extinction des feux.

*

*   *

Paul quitta ses pensées. Il se frotta les paupières, des larmes piquèrent ses yeux. Était-il possible que le train soit non seulement passé, mais qu'il se mette aussi à dérailler ? Il lui semblait pourtant agir de manière sensée, en adéquation avec ses modèles d'éducation et de morale.

Où se trouvait la faille ?

Il traversa le living, indifférent au chant des oiseaux, au bruit lointain du ressac. La maison était silencieuse, sombre et fraîche.

Il s'assit à la table du petit déjeuner où, encore une fois, il ne restait plus que les miettes. Paul se prit la tête dans les mains. Il avait mal aux articulations, conséquence des courbatures mêlées à l'alcool. Il prit la cafetière et trouva ces trois mots gravés dans le dessous-de-plat en liège :

Papa, coussin divan.

Paul écarta les coussins du sofa et y trouva deux petits pains. Il revint s'asseoir à la table, se servit du café comme il en avait eu l'intention, et fondit en larmes.

Paul réussit finalement à beurrer son pain sans trembler. Les hoquets laissèrent la place à une sorte de soulagement. Il mangea avec voracité, but une grande quantité de café tiède, la seule chose qui restait en abondance.

Rassasié, il se leva et continua sa quête de remplissage du Grand Vide. N'importe quelle activité était la bienvenue pourvu qu'il cesse de se torturer l'esprit avec des questions qui, de toute façon, ne trouveraient pas de réponses dans l'immédiat.

Il s'arrêta devant le tableau représentant les gnomes en procession devant le volcan de Nomad First. Paul remarqua que les petits hommes peints avaient les yeux noirs, comme s'ils portaient eux aussi des lunettes de soleil. Paul toucha le tableau et de la peinture verte macula le bout de son doigt. Il frotta son index contre son pouce, mais la trace ne s'effaça pas.

Il mouilla son doigt, la couleur salit sa bouche. Il avala un peu de pigment, réprima une nausée soudaine. Il se sentait collant et poisseux. À l'intérieur de lui-même pour commencer, comme si sa propre peau l'écœurait.

Il passa devant la salle de bains d'Iris, tourna la poignée qui restait toujours verrouillée. Paul hésita, ne sut quoi faire. Forcer la serrure équivalait à forcer le cours des choses. Avec Iris, ce genre de stratégie pouvait être à double tranchant. Paul opta pour un raisonnable statu quo et rejoignit sa propre salle de bains.

Il s'assit sur les toilettes, obéissant aux impératifs de ses intestins. La question arriva, impromptue, alors qu'il fixait le boxer plié à ses chevilles : subsistait-il chez sa femme une part d'ombre qu'il ignorait encore ?

Paul s'essuya et tira la chasse sur son doute.

Il prit sa brosse à dents au-dessus du lavabo, se figea face à son reflet dans le miroir : des marques de griffes et de morsures constellaient ses épaules et son torse. Il posa la brosse à dents, s'ausculta devant le miroir. Sur le cou, il découvrit un suçon de la taille d'une grosse pièce de monnaie. Les griffures les plus impressionnantes étaient dans le dos. De longues traînées rouges s'ajoutaient au coup de soleil de la veille.

Avait-il baisé avec Christelle ?

Tu ne peux pas n'en avoir aucun souvenir, ce n'est pas possible.

Il baissa son boxer, palpa ses testicules. Il retira la peau de son gland, pressa dessus pour voir si…

Arrête tes conneries, Paul. Tu gères des millions en portefeuille et tu te comportes comme un ado.

Il releva la tête, sortit sa langue blanche et pâteuse. Il essaya de se souvenir s'il était tombé dans un buisson, s'il avait combattu un tigre, s'il avait au moins embrassé le sosie de Diana Rigg.

Il se souvint de la main de Christelle palpant son sexe durant le trajet de retour.

Bien sûr qu'ils avaient baisé, cela ne faisait aucun doute. Et il ne fallait pas espérer trouver une capote au pied du lit.

– Bordel, Paul !

Les blessures le démangeaient comme des lignes de feu. Se maudissant à nouveau d'avoir trop bu, il ôta son boxer, ouvrit la porte de la douche qu'il referma derrière lui d'un geste brusque. Le verre dépoli s'ébranla sur ses gonds.

Paul régla la température sur « froid » et accueillit avec soulagement l'eau qui sortait de la large pomme de douche, enveloppant son corps dans l'espace étroit. Bon prince, il avait laissé à Iris la grande salle de bains pourvue également d'une baignoire. Tout en se savonnant le crâne, Paul se dit qu'il était peut-être temps de revendiquer certains privilèges. On n'en serait pas arrivé là, oh non ! Cette foutue baignoire était suffisamment large pour deux, merde !

Paul ne se rendit pas tout de suite compte que l'eau avait tiédi. De « tiède », elle passa à « chaud ». Du savon dans les yeux, il manipula à l'aveugle le mitigeur qui ne répondait pas.

L'eau devint bouillante d'un seul coup.

Il cria tout en s'écartant du jet. Le savon lui piquait les yeux. Il essaya encore de fermer le robinet, mais l'obturateur était manifestement hors d'usage. L'eau l'ébouillantait et la porte restait bloquée. Il s'y prit à deux mains. La poignée céda, il glissa et tomba sur les fesses, offrant ses parties les plus tendres – ventre, organes génitaux – à la brûlure de l'eau. Hurlant de douleur, il s'arc-bouta et bondit contre la porte vitrée qui explosa sous le poids de ses quatre-vingt-huit kilos. Les morceaux de verre coupèrent sa peau ébouillantée, des traînées de sang giclèrent à travers la buée. Il roula au milieu des débris qui finissaient de s'éparpiller comme une étoile en train de mourir, le corps incandescent, des particules de cristaux serties dans sa peau ébouillantée. Du verre pénétra dans sa bouche, il recracha, se coupa les lèvres. Sa tête cogna par terre. Paul se mordit la langue. Comme s'il fallait que ça aussi soit ajouté à sa note et comptabilisé dans sa meurtrissure.

Il s'était répandu dans le liquide et le sang, nu et sans défense, fœtus expulsé sur le sol moucheté de débris.

L'eau cessa de couler. Un dernier filet translucide serpenta sur le carrelage et disparut par la bonde.

Pause.

Paul haletait. Éberlué, il fixa la pomme de douche dont s'échappaient des gouttelettes éparses, comme si rien ne s'était passé, des gouttelettes indifférentes et obstinées.

Il contempla le désastre autour de lui. Il se remit lentement sur ses pieds, bancal, l'épiderme à vif. Il boitilla à travers la salle de bains, prit une serviette éponge et se mit à épousseter les morceaux de verre sur son corps. Des traînées de sang imbibèrent la serviette. À ce moment-là, il songea à une chose bête, une pensée absolument incongrue : il n'aurait pas à se justifier des traces adultères sur sa peau.

Des pas craquèrent sur le verre brisé.

Iris le fixait en silence.

2

Vérification

On s'affairait autour de lui. Iris avait appelé des renforts et la cavalerie avait débarqué en golfette, comme il se doit. Un indigène achevait de soigner les plaies sur le corps de Paul au moyen d'une pâte visqueuse qui sentait le poisson. Debout, les bras croisés, Iris l'observait, sérieuse et concentrée, comme si elle-même était à la tâche.

– Tu crois que ce truc est efficace ? lui demanda Paul.

– Fais-leur confiance.

– Je t'ai connue moins optimiste.

– C'est ça. Où étais-tu cette nuit ?

– Comment ça, où j'étais ? C'est plutôt à toi de me le dire, je...

– Hem, excusez-moi, le coupa Mike. Je ne comprends pas, nous avons vérifié le système de réglage et tout fonctionne parfaitement. Par acquit de conscience, j'ai demandé qu'on jette un coup d'œil au chauffe-eau. En attendant que la vitre soit réparée, on vous fixera un rideau de douche.

– Pas question que je remette les pieds là-dedans ! fit Paul.

– Je suis sincèrement désolé, monsieur Jensen. Cela reste incompréhensible, d'autant plus que vous êtes les premiers à occuper ce bungalow...

– Je souhaite parler avec votre directeur.

– Une suggestion serait d'entrer en *symbiose* avec votre habitat et de...

– Vous m'avez entendu ?

— Tout ce qui nous entoure est vivant, monsieur Jensen et… Le directeur ? se troubla Mike. C'est-à-dire que…

Mike et Iris échangèrent un bref regard. Iris se mordait la lèvre. Elle connaissait son mari, savait déceler le moment où le trop-plein lui faisait perdre patience. Dans son dos, l'indigène appuya sur une entaille plus profonde. Paul se leva d'un bond, excédé :

— Vous savez quoi ? J'en ai marre de vos airs de faux cul, Mike !

— Paul, voyons ! fit Iris.

— Toi, tu restes en dehors de ça. Alors, Mike ?

— Oui, je… Bien sûr… Le directeur… Sachez que cela aura un impact négatif sur notre bulletin d'appréciation. Je ne crois pas que nous méritions une…

— Je m'en fous de votre bulletin, Mike. Je m'en fous de la *symbiose* avec ce bungalow prétendument neuf ! Dites-lui de venir personnellement, je veux le voir, c'est compris ?

Sur ce, Paul sortit de la salle de bains et revint avec une carte des menus.

— Donnez-moi votre stylo !

— Des stylos, il y en a…

— Les stylos ont disparu.

— Je ne comprends pas, je…

— Demandez à vos indigènes s'ils les collectionnent. Votre stylo !

Paul cocha toute une série de cases devant les mets proposés.

— Tout ce bordel aura au moins servi à quelque chose, dit-il en lui flanquant le menu dans les mains.

3

Réflexion

Iris avait disparu dans sa salle de bains. À entendre l'eau s'écouler en continu par les tuyaux, elle ne rencontrait aucun problème de température ou de porte récalcitrante. Au moins, n'avait-il pas à supporter ce foutu compact disc, *The Best Movies Love Themes*. Dès qu'Iris avait ouvert la douche, il s'était précipité pour éteindre l'appareil. Piste 12 : *Love Story*.

Paul sortit sur la véranda. Accoudé à la balustrade, il laissa son regard s'attarder sur le soleil rouge qui disparaissait dans la mer. Plus haut, la lune avait déjà émergé dans le ciel où pointaient les premières étoiles. L'épiderme moucheté de blessures, épaules et omoplates brûlées au deuxième degré, la seule idée d'enfiler un tee-shirt le rebutait. Depuis vingt-quatre heures, son torse était devenu un champ de bataille. Cette nuit, il souffrirait le martyre avant l'apparition des premières cloques, disons demain matin au réveil. Surtout qu'il réussisse à s'endormir malgré la douleur. On lui avait promis des comprimés et il comptait bien en avaler une demi-boîte après le dîner.

Iris avait laissé ses cigarettes sur la table. Il constata que ce n'étaient plus les habituelles Davidoff Light Slims, mais un paquet brun dépourvu de marque. Il en prit une, l'alluma comme si cet acte anodin marquait sa volonté de rébellion. Il souffla la fumée par les narines, contempla la cigarette entre ses doigts avant de la porter à sa bouche et d'aspirer franchement. Il toussa, oubliant combien son corps s'était déshabitué du tabac. La bouffée suivante passa mieux – il regrettait toutefois ce goût mentholé qui gâchait celui du tabac –, et à la troisième, il ne toussait déjà plus. Plusieurs mois pour le sevrage, une minute pour s'y remettre. Le vice l'emportait haut la main.

Le directeur du Resort ne s'était pas manifesté, bien entendu. Mike se foutait de sa gueule. L'idée qu'on puisse le snober le déstabilisait. Il tira une nouvelle fois sur sa cigarette. Il fit mentalement la liste des choses qui n'allaient pas : service catastrophique, absence de réseau téléphonique, matériel défectueux, personnel arrogant… Dans sa partie, ce genre de situation était inconcevable : chaque employé possédait un carton dans lequel, en de pareilles circonstances, il entasserait ses affaires avant de quitter son poste sur-le-champ.

Paul toucha ses épaules endolories, envisagea un procès, mais il était loin de tout, loin de son biotope, en quelque sorte. Ici, en réalité, il n'avait prise sur rien. Il lui faudrait attendre son retour pour s'attaquer juridiquement au tour-opérateur qui leur avait vendu le paquet *all inclusive*. Iris s'était occupée de tout, se laissant berner dans les grandes largeurs. Il devinait déjà la tournure que prendrait la conversation, leurs points de vue se transformant en une querelle d'autant plus cinglante qu'elle resterait froide et contenue.

Il écrasa sa cigarette dans le cendrier sur pied. Sa colère se mua en un sentiment visqueux, sans équivalent éprouvé jusque-là, mais qui s'immisçait en lui comme un liquide épais et suffocant.

Qui sont-ils ?

Le sentiment visqueux était de la panique.

– Papa ?

Paul tremblait, les jointures de ses mains accrochées à la balustrade avaient blanchi.

– Qu'est-ce qu'il t'arrive, papa ?

Paul se retourna, prit Stanislas dans ses bras. Le corps de son fils était un refuge. L'odeur de sa peau, les boucles de ses cheveux, la maigre musculature greffée sur l'ossature fragile. Il le reconnaîtrait entre mille, les yeux bandés. Il avait aidé la sage-femme à le sortir du ventre d'Iris, il avait coupé le cordon ombilical, avait pris l'enfant dans ses bras, enroulé dans sa petite serviette blanche, fripé et recouvert de muqueuses. Il l'avait vu aspirer ses premières goulées d'oxygène, entendu utiliser ses cordes vocales toutes neuves pour pleurer l'existence qui s'annonçait. Le corps de son fils était son sang, un territoire connu et rassurant.

— Pa... Papa, tu m'étouffes !

Paul le tint encore contre lui, jusqu'à ce qu'il se ressaisisse et que ses yeux soient secs.

— Mince, j'ai taché ton polo.

— C'est pas grave, papa.

L'embrassade avait rouvert les petites plaies sur sa peau. L'humidité n'arrangeait pas les choses. Paul était en sueur, son métabolisme nécessitait du repos. Il continuait à se sentir patraque.

— Fait chaud, hein ? constata Paul en déplaçant une mèche blonde collée sur le front de Stan.

— Tu as fumé ? demanda Stan.

— Oui. Ce n'est pas grave, tu sais.

— Tu avais dit que tu ne fumerais plus jamais.

— On est en vacances, non ?

— Je ne sais pas.

— Comment ça « tu ne sais pas » ?

— Tu... Tu es blessé ?

— J'ai glissé sous la douche et je me suis pris la vitre.

— La vitre ? Mais comment ?

— J'ai glissé, d'accord ? Ne m'en demande pas plus. C'est tellement idiot que ça me met en pétard. Mais toi, plutôt ? Comment était ta journée ?

Stan haussa les épaules, s'efforça de sourire à son père.

— Je m'améliore au *snorkling* et je me suis fait de nouveaux amis, Hugo et Charlotte.

– Mais c'est très bien, tout ça ! Invite-les un de ces soirs, si tu veux !

– Tu es sûr, Paul ? l'interrompit Iris. Je ne crois pas que ce soit une bonne idée...

Iris les avait rejoints sur la véranda. Elle portait le peignoir aux initiales du Resort et avait noué une serviette autour de sa tête comme elle le faisait après chaque shampoing.

Stan prit la main de son père, Paul lui sourit pour le rassurer.

– Je ne vois pas où est le problème, fit Paul.

– Moi si, répliqua Iris.

– Bordel, Iris, on est en vacances !

– Ne jure pas ! Justement, on est en vacances et je ne veux pas voir de gosses qui se courent après dans notre maison.

– Tu exagères. Depuis quand Stan court après ses...

– Pas d'enfants ! C'est clair ?! Et toi, va te changer, ces traces de sang sont dégoûtantes !

Iris alluma une cigarette, se frotta le bras, parcourue de frissons :

– Je rentre, j'ai froid.

– Froid ? Mais comment peux-tu avoir froid avec cette chaleur !

Il s'approcha d'elle, voulut la toucher :

– Iris, ça va ? Tu es malade ?

– Je vais parfaitement bien, merci.

Sur le point d'entrer dans le salon, elle se retourna :

– Et ne me vole plus de cigarette, je déteste ça.

Iris fit coulisser la porte vitrée et s'allongea sur le divan. La télécommande dans la main, elle actionna le lecteur de musique. L'appareil rechercha automatiquement le morceau mémorisé avant l'interruption. Piste 13 : *Autant en emporte le vent.*

– Qu'est-ce qu'elle a, maman ? demanda Paul.

Elle s'éloigne, papa. Maman s'éloigne.

Paul souleva son fils à bout de bras. Il était si léger, nom d'un chien ! Comme s'il avait lu dans ses pensées, Stan lui demanda :

— C'est vrai que quand tu avais mon âge tu étais aussi maigre que moi ?

— Pire ! Un vrai gringalet !

Paul reposa son fils sur le sol.

— Pour tes copains, on trouvera une solution, d'accord ?

Stan acquiesça.

Ce serait bien que tu les rencontres, papa. Ils ont des choses à te dire.

— Maintenant, va te doucher, on mange bientôt ! Enfin, j'espère, plaisanta-t-il. Au fait, Stan…

— Oui ?

— Merci pour les petits pains ce matin.

— Tu dois rester fort, papa.

4

Dîner

Enfin !

Ce que pensa Paul lorsqu'il avala sa première bouchée de langouste assaisonnée de citron et de sel. Il en était tellement ravi que l'arrivée tardive de Lou lui parut un détail. Sous prétexte des vacances, un certain nombre de règles étaient mises entre parenthèses.

— Tu ne nous embrasses pas ? demanda Paul.

Lou haussa les épaules, se dirigea vers son père et lui donna un baiser rapide sur la joue.

— Qu'est-ce que t'as sur le front ?

Paul toucha machinalement le sparadrap :

— Blessure de guerre.

— Papa a glissé dans la douche, ajouta Stan. Il s'est pris la porte vitrée. Montre-lui, papa.

Paul posa sa fourchette, s'apprêta à déboutonner sa chemise, mais Iris intervint :

— Ce n'est pas le moment ni le lieu, chéri. Lou, tu te laves les mains et tu te dépêches de te mettre à table.

— Je n'ai pas faim.

— Je m'en fiche. Tu te laves les mains et tu arrives !

Paul but une gorgée de vin (pas si mal leur blanc en pichet, finalement). Il regarda sa fille se diriger vers les toilettes, bras écartés comme si elle essayait de tenir ses distances avec les murs. Elle s'était bien gardée de s'approcher de sa mère, craignant que celle-ci ne s'aperçoive de son haleine chargée d'alcool. Son père, elle s'en fichait, elle savait le manipuler. Avec maman, c'était une autre paire de manches.

5

Miroir

Lou se lava les mains, se frictionna dents et gencives à fond, racla sa brosse le plus loin possible sur sa langue (elle hoqueta, faillit vomir). Elle respira plusieurs fois dans sa main en coupe : l'odeur de l'alcool de canne mêlée à celle du tabac ne s'effaçait pas tout à fait. Depuis qu'elle avait rencontré les autres filles, elle se torchait sévère. Lou se souvenait à peine de quel jour il était, d'ailleurs ses copines de Genève ne lui manquaient pas. Elle devait juste prendre l'habitude de ne pas consulter son téléphone en permanence, occuper ses mains à autre chose et, finalement, tenir un verre de punch était un substitut agréable. Désormais, le *beach volley* était relégué aux oubliettes, elle avait envie d'essayer tous ces trucs dont elle avait entendu parler, à commencer par la marijuana et... le sexe, bien sûr. Mais, de ce côté-là, les demi-dieux qu'étaient Dave ou Mike la faisaient languir au point de la maintenir dans un perpétuel état d'excitation.

Lou passa son visage sous l'eau froide, s'essuya. Elle inspira plusieurs fois – faire retomber la pression, gagner en lucidité. Et puis, merde, elle n'avait rien demandé, ni à vivre ni quoi que ce soit d'autre. Si, comme on le prétendait, tous ces trucs étaient nocifs, pourquoi existaient-ils ? Quant au sexe, Lou possédait un corps et elle avait bien l'intention de s'en servir.

Elle se contempla dans la glace, redressa le buste et se dit qu'elle ferait bien de manger quelque chose pour ne pas éveiller les soupçons.

6

S.C.R.A.B.B.L.E.

— J.U.M.E.A.U.X., sept lettres et je comptabilise un scrabble ! fit Stan.

— C'est ça le petit génie, murmura Lou complètement à côté de la plaque.

Les lettres disposées sur le chevalet dansaient devant ses yeux, incapable qu'elle était de les organiser en un mot cohérent. Son corps ne semblait pas disposé à absorber l'alcool malgré la nourriture et les verres d'eau qu'elle continuait à vider l'un après l'autre.

— Qu'est-ce que t'as à boire comme ça ? demanda Iris.

— Ben quoi ? Nous, on se tape bien ta musique de vieux, non ?

Peut-être que *Lolita* de Kubrick avait vieilli, Paul n'en savait rien, il avait vu le film il y avait longtemps de cela.

— Eh ben moi, j'ai P.E.N.I.S. ! s'exclama Lou. C'est autorisé, maman, ou faut que je demande la permission à Monsieur Scrabble ?

— Son nom est Alfred Butts, intervint Stan. Il a inventé ce jeu en 1931 à la suite de la crise de...

— Oh, ta gueule le farfadet !

— Ça suffit, Lou ! (Paul prit la télécommande sur la table, éteignit la musique.) On va dire que les chansons de films, c'est assez pour ce soir, que « pénis » est autorisé par monsieur Scrabble-Butts et qu'on arrête de se chamailler pour des broutilles ! On est en vacances, oui ou non ?

– On commence à le savoir, merde ! T'arrêtes pas de nous le répéter ! dit Lou.

– Merci, Paul. Merci de prendre parti pour ta fille, ajouta Iris en quittant la table.

– Prendre parti pour… ? Je voudrais savoir ce qui se passe, nom d'un chien ? Pourquoi vous êtes aussi tendues toutes les deux !

Iris revint sur ses pas, le foudroya du regard :

– Ce qui se passe ? Peut-être que tout ne va pas aussi bien que tu le crois, peut-être que les vacances, comme tu dis, remuent des choses au-delà des apparences !

– Mais de quoi tu parles ? Quelles apparences ?

– Je parle d'une petite pétasse qui est ta fille et qui rentre ivre à la maison, d'un enfant soi-disant « génial », mais qui n'arrive jamais à s'intégrer nulle part, je parle d'un mari tellement accaparé par son sport qu'il ne comprend rien à rien !

Soudain, les pièces du Scrabble dégringolèrent de leur support, se déplaçant comme de petites puces sur la table. Paul fut repoussé sur sa chaise alors qu'il cherchait à se lever. Lou, au contraire, piqua du nez sur la table. Stan s'accrocha au siège et ferma les yeux. Iris, comme prise de vertiges, vacillait au milieu du living, les bras tendus.

– Mon Dieu !

Les secousses se manifestèrent pendant un laps de temps qui leur parut interminable, bouleversant les perspectives, agitant les objets, faisant tintinnabuler tout ce qui pouvait émettre un son. Une force brute, vitale, sourde remontait du centre de la Terre, en remuait les entrailles pour se focaliser dans le plexus, créant un grondement intérieur dans le corps de chacun, vacarme terrifiant et muet.

Le tremblement cessa d'un coup.

Les Jensen se dévisagèrent, sous le choc. Ils avaient entrevu la possibilité de n'être rien d'autre qu'un infime élément de la nature. Une partie insignifiante, fragile et superflue d'un système indifférent à leur présence.

Les rouages d'un ensemble supérieur aux parties.

Paul les réunit au milieu de la pièce, et tous les quatre s'enlacèrent.

7

Promenade

La mer avait grossi, les vagues – habituellement tenues à distance par le *reef* – s'invitaient dans la lagune. Les rouleaux s'écrasaient sur le sable, l'eau était pressée d'avaler la terre.

Iris marchait à l'écart de la rive afin de ne pas se laisser surprendre par les flots. Ses pieds pénétraient le sable humide, elle ressentait cette agréable sensation des muscles tendus, se gonflant sous la peau. Elle voulait rester dure, ferme, puissante. Des fesses en béton. Elle ne voudrait pas s'affaisser, jamais.

Un séisme d'une vingtaine de secondes rapproche-t-il les familles en phase d'implosion ?

Les oiseaux s'étaient tus. Le vent soufflait dans ses oreilles, le fracas des vagues amplifiait ses pensées. La lune en pâte à modeler gonflait dans le ciel noir. Le cycle atteindrait son apogée avant de refluer et de céder la place à la dissolution et au vide.

Au fond, Iris avait avancé dans la vie comme on mettrait un pied devant l'autre : fille unique puis fille de parents divorcés. Très tôt, la fortune et la situation sociale de sa famille lui firent penser que l'aisance était la règle. Mais une aisance frugale, protestante où, tout de même, l'argent n'autorisait ni l'ostentation ni la dilapidation du capital. Sa mère n'avait jamais connu une autre voiture que la VW Golf, toujours du dernier modèle, certes, mais la nouvelle Mini

Cooper que possédait aujourd'hui sa fille aurait été un jouet superflu à ses yeux. Une voiture devait être fonctionnelle et sûre, le reste n'entrait pas dans ses critères.

Un pas devant l'autre, Iris.

« Mère » souriait toujours, affirmant que *tout allait bien*. Même après le divorce, *tout allait bien*, la séparation d'avec son mari s'était faite dans le reproche feutré et les bonnes manières du rang. Aucune anicroche, pas d'effusion ni de coups bas. Une véritable réussite à montrer comme cas d'école dans toute procédure de divorce.

Le sourire de « mère », l'austérité de « père ».

La fille grandit, connaît une succession de beaux-papas et de belles-mamans. Sous le vernis social, ça fornique tout de même, mais la sexualité reste vague, une hypothèse. Iris fréquente le collège, puis le lycée – publics, mais les meilleurs de la ville. Les études de droit s'imposent logiquement. « Père » est un avocat respecté de la place.

Un pas devant l'autre, Iris : le diplôme, le brevet, une année de pratique. La rencontre avec Paul, une maternité et puis la suivante. Il y eut bien un peu de vaches maigres, la fierté de Paul lui faisant refuser tout appui financier venant de sa belle-famille. Paul, tenace, gagnant peu à peu ses défis, finissant par céder lorsqu'il s'était agi de faire jouer le réseau du beau-père. Cela, il l'avait bien voulu. « Père » tenait en haute estime celui qui avait épousé sa fille. De son côté, elle avait bien tenté la voie carriériste, du moins pouvait-elle faire semblant d'avoir voulu travailler. En réalité, l'ennui, un ennui profond et indécelable à première vue, s'était emparé très tôt de la petite Iris, avait grandi avec elle, était devenu adulte avec elle.

Iris était passée de « Père » à Paul.

Un pas devant l'autre, Iris.

Ma fleur, ma vie.

Un pas devant l'autre.

Iris, messagère des dieux grecs, porteuse de bonne nouvelle.

Le malheur se refuse, le malheur reste dehors.

Un pas devant l'autre, Iris.

Comme de marcher la nuit sur une plage après un tremblement de terre.

Mais le malheur était quand même entré une fois.

On leur avait demandé de donner un nom au petit corps sorti sans vie de son ventre. Ils l'avaient vu, ils l'avaient touché et elle avait été dégoûtée d'elle-même. Le bébé avait été recensé, nommé avant que le décès ne soit déclaré par les autorités compétentes. Incinération. Urne. Iris et Paul en avaient dispersé les cendres sur une montagne avant de se débarrasser du récipient en le jetant dans le précipice. Dans le lointain, un cor des Alpes jouait pour des touristes japonais.

Par deux fois, elle avait comblé le Grand Vide dans son ventre. Le plein qui en avait résulté était devenu Lou et Stanislas. Le plein ne s'était pas matérialisé une troisième fois.

Car le vide restait. Le vide est l'ennui, et inversement. L'enfance, l'adolescence, l'âge adulte et maintenant la maturité. Son existence se déroulait en creux. Malgré la famille, les objets, les possessions, les activités, les loisirs, les vacances. Malgré l'accumulation et la courbe croissante de sa vie. Qui retombait soudain, ballon crevé.

Iris baissa ses paupières, inspira l'air saturé d'iode. Elle ne voulait plus ouvrir les yeux, prête à se donner tout entière à ce lieu en échange de quelque chose à espérer. Iris avançait à l'aveugle en direction de la montagne, de ce rêve qui consistait à ne plus penser, à se laisser aller. Elle voulait qu'on la prenne et qu'on l'emporte. Qu'on s'occupe d'elle complètement, absolument. Un don de soi, la prise en charge totale de son être. C'était plus facile comme ça. Elle se foutait de savoir si sa vie avait un sens quelconque.

Elle voulait juste se sentir pleine et ronde.

Les enfants en eux-mêmes ne l'intéressaient pas.

Être pleine et ronde, oui.

Bonheur figé, immuable.

Non, le malheur n'entrerait jamais plus dans sa maison.

8

Statues de sel

Le vent tomba au milieu de la nuit. Plus rien ne bougeait. Qu'il soit animal ou végétal, le monde retenait sa respiration.

Stan écarta les pans de la moustiquaire comme on se débarrasserait d'une vieille toile d'araignée. Il quitta les draps froissés et inondés de sueur. Lui aussi avait retenu sa respiration pendant tout ce temps, bougeant le moins possible pour ne pas ajouter une inutile dispersion de calories à la combustion ambiante.

Il posa ses pieds nus sur le plancher presque tiède. Le contact du bois était rassurant. Le bois était un ami. En dessous, enfoui depuis des centaines de millions d'années, le cœur de la Terre était un feu qui couvait. Stan pensa à cette île volcanique. Il en savait plus sur Nomad First que quiconque dans sa famille : ils étaient assis sur une poudrière d'où les tréfonds de la Terre, un jour ou l'autre, émergeraient à nouveau à l'air libre. La surface terrestre se fendrait alors comme la croûte d'un pain trop cuit.

Stan traversa la pièce coupée en deux par une lune oblique. Il se posta dans l'encadrement de la fenêtre ouverte et attendit.

Ils arrivèrent les uns après les autres, silencieux comme des spectres vêtus de blanc. Ils s'éparpillèrent dans le jardin, préservant entre eux une distance constante, presque chorégraphique, avant de se figer face à la maison dans une contemplation hypnotique. Aucun d'eux ne parlait ni ne se regardait. Ils venaient comme guidés par une force invisible, en groupe mais individuellement, en quelque sorte. Stan reconnut plusieurs des Résidents présents au Club en début de soirée ainsi que les nouvelles amies de sa mère. Leurs visages inexpressifs faisaient penser à des somnambules.

L'effroi ressenti au cours de la première nuit avait cédé la place à une inquiétude mêlée de curiosité. Stan les compta, repéra leur place, évalua la distance à laquelle ils se tenaient du bungalow par rapport à la nuit précédente, recensa les hommes et les femmes, posa un prénom sur les visages qu'il reconnaissait.

Stan était capable d'affronter la vision car il savait qu'il ne risquait rien. D'après Charlotte et Hugo, les « Statues de sel » (ainsi les avaient-ils baptisées) étaient inoffensives. Une nuit ou l'autre, elles finiraient par ne plus revenir, se montrant uniquement le jour sous la forme de voisins souriants et courtois.

Mais, au fond de lui-même, Stanislas Jensen en doutait. Derrière la façade avenante, il devinait des créatures féroces, avides et mesquines. Il était convaincu qu'Hugo et Charlotte n'avaient jamais eu l'occasion de voir se révéler leur nature profonde. Le temps lui-même s'effaçait dans l'apparente félicité d'une durée immuable, vernis étouffant les pores d'une peau malade.

Au bout d'une demi-heure, Stan les regarda s'en aller les uns après les autres, fantômes en dissolution.

Son père, son père serait la clé, pensa-t-il.

Tout seul, il n'arriverait jamais à fuir.

JOUR 4

1

Exil

Paul se tenait à la lisière de la plage, à l'ombre des cocotiers. Assis, les bras enroulés autour des genoux, il observait l'hydravion qui approchait dans le ciel bleu myrtille.

Il sentit très nettement son cœur se serrer. Mesurant la distance qui le séparait de sa vie « d'avant », Paul fut submergé par une vague de mélancolie, comme s'il était seul au monde et ne reverrait plus jamais les territoires connus de son existence. Sans le savoir, il ressentait ce que d'autres hommes avaient éprouvé avant lui, cette forme d'absence à soi-même et au monde que constitue l'exil.

Arrête tes conneries, Paul. Dans une semaine, tu donneras au chauffeur de taxi l'adresse de ta maison.

L'appareil surfa un instant sur l'eau calme avant de s'enfoncer davantage sur ses flotteurs, s'immobilisant de biais. Paul reconnut un Cessna Caravan Amphibie, un bel appareil qu'il avait eu l'occasion de piloter une dizaine d'heures dans sa version standard c'est-à-dire avec train d'atterrissage. Le moteur toussota et l'hélice McCauley cessa de tourner.

La portière s'ouvrit, l'aluminium creux grinça sur ses gonds et Paul reconnut Jamar. Portés par l'eau, les sons distincts lui donnaient l'impression d'être tout près de l'avion, il suffisait de monter à bord et d'attacher sa ceinture.

Le pilote, debout en équilibre sur un des flotteurs, noua une corde autour du tubulaire sous la voilure. Il déplia l'ancre et la lança dans l'eau turquoise. La corde fila entre ses mains.

À l'est de la baie, un hydroglisseur jaillit des fourrés et se dirigea vers l'avion. L'énorme hélice à l'arrière émettait un bourdonnement de guêpe monstrueuse, propulsant l'embarcation pilotée par Mike sur les eaux peu profondes de la lagune. Deux indigènes l'accompagnaient. Ils se tenaient fermement aux rebords du bateau pour ne pas se voir éjectés chaque fois que Mike – installé sur un siège surélevé – changeait de cap, évitant les bancs de sable et les coraux.

L'hydroglisseur ralentit et se laissa dériver près de l'appareil. Un des indigènes lança une corde à Jamar, le second pointa une gaffe en direction des flotteurs et l'embarcation accosta en douceur.

Paul écrasa un moustique sur sa nuque. Il transpirait à grosses gouttes. La sueur pénétrait ses blessures et le piquait comme autant de pointes d'aiguilles. L'air était saturé d'humidité, suffocant. Il se surprit à se mordre la lèvre. Non pas de douleur, mais à cause du ridicule de la situation : épier des hommes déchargeant les caisses d'un hydravion, ceci à des milliers de kilomètres de chez soi. Le plus fou était qu'il aurait donné n'importe quoi pour monter dans ce coucou et foutre le camp d'ici.

Paul vit l'hydroglisseur faire demi-tour et s'enfoncer dans la végétation pour remonter sans doute un bras de mer. L'hydravion décolla peu après. Ses yeux le suivirent le plus longtemps possible jusqu'à ce que l'appareil soit happé à son regard.

2

Men's Health

De retour au bungalow, Paul appela la direction du Resort. Une hôtesse lui apprit que le directeur était « sur le continent » et qu'il ne serait de retour que le surlendemain.

– Toutefois, vous pouvez laisser un message, monsieur Jensen. Mike ne manquera pas de vous rappeler au plus vite.

– Il y a intérêt ! Je trouve inadmissible que…

– Oui, monsieur Jensen ?

– Je trouve inadmissible… Non, rien, laissez tomber.

– Pas de message, entendu. Puis-je vous être utile pour autre chose ? Souhaitez-vous vous rendre au club de gym, par exemple ?

– Oui, je… C'est-à-dire que non, je voudrais…

– Le Men's Health est un agréable lieu de remise en forme. Je vous envoie un chauffeur. Comptez dix petites minutes, monsieur Jensen. Ma partie s'achève ici. Bonne continuation de séjour.

*
*   *

Fouillant parmi ses affaires de sport, Paul ramassa son Blackberry qui ne captait toujours aucun signal. Si l'appareil n'était pas tombé à ses pieds, il n'aurait même pas cherché à savoir si le réseau fonctionnait. Paul était pourtant un utilisateur de ces nouvelles technologies, mais quelque chose dans le confinement de l'île le détournait de cette nécessité de communiquer avec le monde extérieur.

Iris et Lou avaient délaissé leur téléphone alors que, en règle générale, elles passaient toutes deux une bonne partie du temps les yeux rivés sur leurs écrans. Comme si elles attendaient une nouvelle qui changerait leur vie. Comme si la nouvelle qui changerait leur vie n'était plus aussi fondamentale parce que, désormais, *elle était arrivée.*

On sonna à la porte. Paul se dit que, finalement, une séance de fitness lui ferait du bien, ne serait-ce que d'échanger quelques banalités avec d'autres utilisateurs. La solitude lui jouait des tours, accentuait sa paranoïa.

Paul fit patienter l'indigène sur le pas de porte, finit de remplir son sac de sport et monta dans la voiturette électrique.

Il se sentait un peu étourdi, la tête vide. Ce matin, le petit déjeuner était arrivé à l'heure, le service s'améliorait (conséquence de son coup de gueule à l'adresse de Mike ?) et pourtant il avait à peine touché à la nourriture. En revanche, il avait bu des litres de café, sans se sentir pour autant complètement réveillé.

*

*   *

La salle principale du Men's Health, pourvue d'une quinzaine de machines dont les modèles commençaient à dater (lieu idéal de remise en forme, tu parles !), était fréquentée – comme son nom l'indiquait, mais Paul, distrait, n'avait pas percuté – uniquement par des hommes. Il s'attendait à y rencontrer Iris qui s'était rendue au Centre du bien-être après son petit déjeuner, mais un voisin de « cardio », pédalant sur son *indoor bike,* lui signala la stricte séparation des sexes en matière de sport.

– Avec ma femme, on se voit le soir et c'est déjà bien assez ! dit-il, hilare.

Paul ne sut quoi répondre. Il décida de durcir l'intensité de son pédalage, l'engin semblant ignorer les subtiles variations de résistance.

L'air conditionné, en revanche, marchait du tonnerre. La fraîcheur permettait de se lâcher, mais il semblait à Paul que la torpeur ressentie à l'extérieur continuait d'agir sur sa volonté.

– Pas besoin de forcer, dit encore son voisin. On est ici pour se faire plaisir ! (Il tendit la main à Paul.) Patrick Merz, enchanté !

– Paul Jensen, répondit-il en prenant sa main. C'est vrai que je me sens mou ce matin...

– Vous en avez pris une bonne l'autre soir, hein ? De cuite, j'entends... Heureusement, Christelle veille au grain. Elle est sensas, cette fille, douce et prévenante... Parfois, nos femmes se montrent un peu dures avec nous, vous ne trouvez pas ?

Paul dut faire un effort pour ne pas descendre du vélo et se rendre dans le coin réservé aux « rameurs ».

– Je veux dire... La douceur leur fait souvent défaut. Ce qui n'est pas le cas de Christelle, ajouta-t-il en lui adressant un clin d'œil. Vous êtes tombé dans votre douche ? enchaîna Patrick en voyant les blessures sur le visage de Paul.

– Heu, oui, on peut dire ça comme ça.

– Rien de mieux qu'un petit accident pour nous rappeler aux valeurs de la santé et de la famille, n'est-ce pas ?

Paul cessa de pédaler mais, emportée par le mouvement, la machine continuait de tourner, entraînant par là même les pieds attachés aux étriers.

– Hé, Paul ? Ça va ?

– Oui, je... je n'arrive pas à me motiver ce matin.

– Prenez le temps de vous mettre en train, du temps, on en a à la pelle ! Allez boire un jus au bar, ça vous requinquera !

– Comment fait-on pour arrêter ce machin ?

Patrick se pencha vers lui et appuya sur un bouton. Le pédalier cessa de tourner et Paul se libéra des étriers. Il traversa la salle, répondit au salut des hommes attelés à leur machine ou soulevant des poids libres. Aucun d'eux ne donnait l'impression de s'impliquer dans l'effort, pure fonctionnalité de l'activité physique.

Au bar, Paul rencontra un petit groupe en maillots de corps imbibés de sueur, la peau luisante.

– Un conseil : prends le cocktail multivitaminé, *man*. De la bombe !

– Comment ça va depuis l'autre soir ?

– Passe-nous voir quand tu fais le « stepper », on est accros aux fessiers !

Les hommes s'éloignèrent en riant. La quarantaine dynamique. Paul les connaissait. Il connaissait leurs femmes. Leurs enfants. Leurs voitures. Leurs maisons. Leurs professions. Leurs opinions politiques. Leurs loisirs.

Leurs vacances dans un Resort.

L'indigène lui servit un grand verre/bois d'une mixture colorée. Il prit le récipient sans broncher. Ça faisait longtemps que les choses venaient à lui sans qu'il ait besoin de s'en soucier. On lui réservait des tables au restaurant, des trajets en train, en avion, en taxi. Sa secrétaire lui planifiait ses rendez-vous professionnels et Iris s'occupait des dîners et des sorties. Stanislas et Lou suivaient le parcours proposé par l'institution. À l'exception peut-être de la cravate et des boutons de manchettes, le problème du choix de la tenue ne se posait pas : costume noir ou gris anthracite, chemise blanche, chaussures noires. La coupe de cheveux ? Un peigne de trois millimètres sur le rasoir électrique. Le modèle de voiture ? Porsche Cayenne et Mini Cooper. La maison ? Un pavillon de deux étages avec piscine, sélectionné sur catalogue… Pourquoi se poser la question du choix quand les choses arrivaient d'elles-mêmes ? Les objets s'installaient et les actions se déroulaient selon un processus qui ressemblait à un voyage organisé. Les maîtres mots étaient « ne pas se prendre la tête », comme aimait à le rappeler Iris. Au point de ne pas s'encombrer de sa propre vie. L'avenir prenait ainsi la forme d'un *projet* et…

Le silence le sortit soudain de ses pensées.

Il leva la tête.

Autour de lui, tous avaient interrompu leurs exercices et le fixaient en souriant.

Paul chercha parmi eux un visage qui serait différent, une attitude moins désinvolte.

Quelqu'un qui serait *inquiet*.

Mais les expressions sur leurs visages lui disaient : *Tu es des nôtres, Paul Jensen.*

3

Éden

Les trois enfants se laissèrent distancer par le groupe qui continua sa route, les oubliant derrière lui.

La veille, sous l'impulsion de Charlotte, ils avaient choisi leur activité du jour – excursion au Parc Aventure – en compagnie d'autres enfants. De *tous* les autres enfants. Une bonne trentaine de petits trésors braillards et absolument insupportables, gérés par de jeunes moniteurs positivement beaux et parfaits.

Chacun portant son petit sac à dos fourni par le Resort, le trio retourna sur ses pas avant de bifurquer sur un sentier caché par les frondaisons, fine ligne de terre battue serpentant au milieu de fougères, de racines et d'énormes feuilles à la texture pileuse. La montée leur faisait tirer la langue. Surtout Stan qui ne s'attendait pas à une ascension aussi rude.

Charlotte avançait en éclaireuse, écartant de son bras valide la végétation qui entravait le sentier. Elle tenait l'autre membre accroché à une sangle de son sac par le pouce, l'unique doigt assez développé pour lui être utile. Hugo suivait un mètre derrière elle, le tee-shirt trempé, soufflant mais tenant vaillamment le rythme imposé par leur meneuse. Il ne cessait de passer la main sur son front ruisselant de sueur, marmonnant des formules l'incitant à ne pas se laisser distancer. Stanislas terminait la marche, les deux mains serrées sur les bretelles du sac, profitant de l'embonpoint de Hugo pour se faufiler dans son sillage.

– Question : qu'est-ce qui explique une faible diversité spécifique de la faune et de la flore sur un atoll ? demanda soudain Charlotte.

– Hein ? Quoi ? fit Stan qui n'avait pas bien entendu.

– Isolement et… et rudesse du milieu, répondit Hugo en ahanant.

– Plus précisément, cher monsieur H. ?

– À… à cause de l'éloignement des masses continentales, peu d'espèces ont pu atteindre les atolls. Le hasard dans le transport des diaspores a fait qu'elles ne présentent pas la même composition que celles des continents dont elles sont issues…

– Monsieur S. voudrait-il ajouter un commentaire ? continua Charlotte.

Comprenant que c'était un jeu, Stan enchaîna :

– Le manque d'eau et l'ambiance saline n'autorisent la présence que d'un petit nombre d'espèces végétales…

– Monsieur H. sait-il nommer les espèces vivant sur des sols salés ?

– Halo… Halophiles, madame C.

– Quant aux espèces adaptées à la sécheresse ?

– Xérophiles ! compléta Stan.

Charlotte s'arrêta devant l'entrée d'une petite grotte, attendit que les deux garçons la rejoignent, et enchaîna :

– Messieurs, vous avez gagné le droit de faire un tour dans mon royaume, celui de l'Abondance et de l'Éternelle jeunesse. Monsieur H., puisque vous connaissez déjà l'endroit, que dites-vous de laisser monsieur S. entrer le premier ?

Hugo, le visage écarlate, le souffle court, acquiesça.

– Je dois entrer là-dedans ? demanda Stan.

– Vas-y, vieux, c'est… tout droit, fit Hugo dans un souffle.

Stan surmonta son appréhension et s'engagea dans l'étroit boyau. Le garçon tâtonna entre les parois de roche humide et calcaire. À un certain moment, le tunnel formait un S avant de bifurquer à quatre-vingt-dix degrés. Plus haut, Stan aperçut un rai de lumière qui le fit cligner des yeux.

– Ça va ? demanda Charlotte depuis l'entrée de la grotte.

– Je vois de la lumière ! fit Stan.

– Tu y es presque. Attention, ça grimpe ! dit Charlotte qui, à son tour, entra dans le tunnel.

Stan gravit la pente à quatre pattes. Ses sandales glissèrent sur la pierre lisse. Il se râpa les genoux, dut s'y reprendre à plusieurs fois pour compenser les dégringolades qui interrompaient son escalade. Finalement, il trouva une série de points d'ancrage et se hissa jusqu'à la sortie où il roula dans un lit de mousse. Le bruit de la cascade, qu'il avait perçu comme une hypothèse depuis l'intérieur de la galerie, se manifestait maintenant de façon claire et soutenue. Il attendit que ses yeux s'habituent à la lumière vive, puis l'Éden promis par Charlotte apparut : l'intérieur d'un cratère de volcan miniature, large d'une centaine de mètres de diamètre, au milieu duquel une cascade alimentait l'eau d'un petit lac entouré d'une bande de sable clair. Des palmiers aux troncs élancés donnaient l'impression de toucher le ciel de leurs branches majestueuses et touffues. Des perroquets peuplaient l'enchevêtrement des branchages, nettoyaient leur plumage avec leur bec crochu. La fraîcheur du lieu contrastait avec la canicule qui cimentait l'atmosphère du Resort. Stan se sentit immédiatement régénéré, une lymphe nouvelle coulait dans ses veines, prenait possession de son corps.

– On peut laisser nos sacs ici, dit Charlotte en posant le sien sur le promontoire rocheux où ils se trouvaient.

Elle se déshabilla pour ne garder que sa culotte. En guise de poitrine, elle ne possédait que deux petits renflements, pas de quoi se sentir gênée face aux garçons. Ainsi dévêtue, elle saisit une liane, en testa la solidité et s'y accrocha en se lançant dans le vide. Poussant un cri sauvage, elle lâcha la liane lorsqu'elle fut suffisamment éloignée du rocher et tomba dans l'eau cinq mètres plus bas.

– Compris comment ça marche ? fit Hugo qui se lança à son tour, le slip lui boudinant la taille.

Hugo souleva une gerbe d'écume et réapparut peu après à la surface, hilare. Les deux enfants rejoignirent la rive en riant.

Stan se dévêtit, saisit une liane à son tour. Le souffle lui manqua lorsqu'il se jeta dans le vide. Il émergea de l'eau froide, le souffle coupé, remuant ses bras dans un crawl désarticulé. Déjà, Hugo et Charlotte avaient escaladé un autre rocher d'où ils s'élancèrent en imitant le cri du singe.

Ils s'amusèrent ainsi un bon moment, oubliant... quoi ? C'était le privilège de l'enfance de savoir jouir du présent, le jeu prenait le dessus sur l'inquiétude et la peur.

Lorsque la faim se fit sentir, ils remontèrent le chemin menant à la butte rocheuse où ils avaient laissé leurs sacs. Ils déballèrent le pique-nique fourni par le Resort aux enfants de sortie.

– Sandwichs de roast-beef, mangues, bananes, jus de fruits... Cette fois, on a droit à de bons trucs, pas comme avec cette connasse de Denise ! dit Charlotte.

– Avec les autres enfants, on est toujours gâtés. C'est quand on est seuls que ça se... gâte ! rit Hugo, fier de son jeu de mots.

– Pourquoi ne nous aiment-ils pas ? intervint Stan. Qu'est-ce qu'on leur a fait ?

– C'est pas ce qu'on leur a *fait*, c'est ce qu'on est.

– T'as vu nos gueules, Stan ? Comparés aux autres, on est des *freaks* !

– Des quoi ?

– Des monstres, de petits monstres difformes, obèses ou rachitiques, faites votre choix ! bonimenta Charlotte.

– Hé, Stan, réveille-toi ! T'as pas vu qu'ici tout le monde est beau et parfait ?

– On fait tache dans le paysage, c'est ça ?

– Tu l'as dit, bouffi !

– Je croyais que tu ne voulais pas qu'on emploie ce mot.

– Moi, je peux. Privilège des gros.

– Pourquoi tu n'arrives pas à maigrir ?

– Thyroïde. Ce n'est pas de chance, ouais...

Embarrassé, Stan changea de sujet :

– Je ne vous ai jamais posé la question, mais... Depuis combien de temps êtes-vous ici ?

Hugo et Charlotte se regardèrent. Charlotte fit « oui » de la tête. Hugo se leva sans lâcher son sandwich duquel s'échappait de la purée d'avocat. Il revint avec un bout d'écorce de palmier qui faisait penser à un cahier d'écolier de grand format.

– On vient ici une fois par semaine et, chaque fois, on y inscrit une coche. Fais tes calculs.

Rapidement, Stan additionna les entailles : Charlotte était là depuis cinq mois environ et Hugo un peu plus de quatre.

– Je suis la première à être venue à l'Éden, dit Charlotte.

– Toute seule ? demanda Stan.

– Oui et non.

– Tu fais ta mystérieuse ?

– Non, parce que Jenny me l'a fait découvrir. Oui, parce qu'elle était déjà trop grande pour pouvoir passer dans le boyau et que j'y suis entrée toute seule. Elle m'a fait jurer de garder le secret ou de n'en parler qu'à des gens de confiance.

Stan se souvint d'avoir entendu sa mère la nommer alors qu'elle se disputait avec Lou, lui criant qu'elle « deviendrait comme Jenny » si elle ne faisait pas un effort d'intégration.

Le bourdonnement d'un drone se manifesta dans le ciel.

– Vos affaires ! Vite !

Les enfants coururent se réfugier dans la grotte. Le drone survola le cratère et disparut. Ils ressortirent de leur cachette seulement quand les vibrations de l'engin furent inaudibles.

– On a eu du bol pour tout à l'heure. C'est rare que ce truc passe par ici, fit Hugo. Ils considèrent cet endroit inaccessible.

– Peut-être qu'ils nous cherchent ? hasarda Stan.

– On était sur la trajectoire de son vol. Il n'y a pas à s'inquiéter, le rassura Charlotte.

– Mince ! Mon sandwich s'est ouvert, dit Hugo.

Les enfants retournèrent au rocher, mais le passage du drone avait écorné leur insouciance. Ils jetaient des regards inquiets vers le ciel.

Charlotte reprit la discussion entamée plus tôt :

– Hugo et moi, on se débrouille pour inscrire les jours. On se sert de petits cailloux, on trace des lignes dans la terre. Dans le désert, tout ce qui sert à écrire disparaît.

Stan se rappelait ce fameux matin où il avait dû graver le message pour son père. C'était Iris qui se chargeait de cocher les menus, maintenant.

– Et vos parents, ils ne s'en rendent pas compte ? reprit Stan. Je veux dire, cinq mois, c'est énorme, il est impossible de garder les gens aussi longtemps, il faut…

Il se leva, jeta le reste de son sandwich dans le bassin. Les poissons s'agglutinèrent à la surface pour dévorer la nourriture. Il s'efforçait de ne pas céder à la panique :

– Mais c'est quoi cet endroit ?! On dirait qu'on est… prisonniers !

– Stan ? Stan, calme-toi ! Réponds-moi : quand es-tu arrivé ?

– Ben, c'est facile, fit le garçon en essuyant ses larmes avec la paume. Je suis arrivé le… Bon sang ! Je suis arrivé il y a…

Charlotte et Hugo se regardèrent à nouveau.

– Tu as ta réponse, Stan. Si on ne le note pas, on perd le compte.

L'ombre à l'intérieur du cratère avait gagné du terrain. Charlotte prit ses bras dans ses mains. Enfin, sa nageoire dans son unique bras valide.

– Nous sommes différents, Stan. Des anomalies. On ne peut pas nous intégrer au… au *projet*, dit-elle.

– On a essayé d'en parler avec les autres. Ils nous regardent comme si nous étions des idiots.

— Ils s'en foutent de nous. Quand on les rejoindra tout à l'heure, ils ne se seront même pas rendu compte qu'on était absents.

Charlotte regarda autour d'elle, évaluant l'avancée de l'ombre.

— D'ailleurs, si on ne veut pas les manquer, il va bientôt falloir y aller. Mais avant, on doit te montrer quelque chose.

Stan suivit ses amis. Ils se faufilèrent entre deux pitons rocheux. Hugo eut de la peine à passer, s'écorchant la peau sur la pierre de lave.

— Ça va ? s'inquiéta Stan.

— Avance ! fit Hugo, de mauvais poil. Si tu savais comme je déteste mon corps !

Stan rejoignit Charlotte qui les attendait devant l'entrée d'une nouvelle grotte.

— C'est ici, dit-elle. La grotte mène à une sorte de tunnel…

— Et peut-être de l'autre côté, ajouta Hugo.

— Vous n'avez pas vérifié ?

— On… On attendait d'être trois, fit timidement Hugo.

— Non, la vérité c'est qu'on a toujours eu la trouille, rectifia Charlotte. Mais à trois, c'est différent.

— C'est le seul moyen de contourner les clôtures, ajouta Hugo.

— Mais vous en parlez comme si c'était une… évasion, bon sang !

— Exact. Une évasion, admit Charlotte. Quoi d'autre ?

— Et après ?! s'énerva Stan. En admettant que ça mène de l'autre côté de la montagne, où ira-t-on ? Je vous signale qu'on est sur une île, d'accord ?

— Peut-être des gens pourront-ils nous aider ?

— Ah ouais ? Les indigènes avec leurs lunettes de soleil ? Vous avez aussi une théorie là-dessus ?

— Ils souffrent d'une maladie des yeux. C'est notre hypothèse.

— Écoute, Stan, fit Charlotte en le prenant par une épaule.

Il doit bien exister un port, quelque chose, non ? Et puis, il y a ton père, Stan. C'est le seul qui peut nous aider si on trouve le moyen de partir d'ici, mais il faut faire vite.

— Nos parents n'ont pratiquement pas lutté, ajouta Hugo. Ils étaient *prédisposés*. Leur vie d'avant les avait prédisposés, tu comprends ?

Stan ferma les yeux. Il revoyait les Résidents dans son jardin, les yeux vides, les bras ballants.

— Comme les Statues de sel ? demanda-t-il.

— Ils approchent, fit Charlotte. Il faut se dépêcher.

— Approchent de quoi ?

— De ta maison, Stan. Quand ils seront entrés, ce sera fini. Tu ne reconnaîtras ni ton père ni ta mère.

— Vous voulez dire qu'ils *entreront* ?

— Tôt ou tard, oui. Ils ne te feront aucun mal. Ils seront juste entrés, il y aura comme une petite fête, tes parents boiront leur alcool de canne et tu ne les reconnaîtras plus.

— Ils seront différents, dit encore Hugo. Et tu seras seul.

— Comme nous le sommes Hugo et moi, compléta Charlotte.

4

Contemplation

La pièce évoquait une cellule de moine. En réalité, ce n'était qu'un simple renfoncement dans le mur qui permettait d'observer, en toute discrétion, une dizaine de jeunes adolescents faisant leurs ablutions dans un bain de vapeur : leurs corps nus, parfaits, leurs sexes qui pendaient entre leurs jambes musclées. La plupart se relaxaient sur leurs bancs, d'autres se faisaient masser par des indigènes. Les puits de lumière éclairaient leurs corps sans ostentation, suggéraient les courbes, excitaient l'imagination.

Iris transpirait dans la pièce surchauffée. Son corps semblait vouloir se réveiller de sa léthargie. Sa main se posa sur son ventre, descendit plus bas. Elle imagina de se retrouver au milieu de ces jeunes gens, disposer d'eux à son gré.

— Ils te plaisent ? demanda Vera dans son dos.

Iris sursauta, retira sa main.

— Je ne t'ai pas entendue entrer, fit-elle.

— Si c'est pour moi, ne te gêne pas.

— Ils… Ils sont parfaits, dit Iris. Je n'en ai jamais vu d'aussi beaux.

— C'est par Lou que tout continuera.

— Quand sera-t-elle prête ?

Vera se pencha sur sa bouche et l'embrassa, doucement, longtemps. Iris perdait la tête quand elle sentait sa langue se délier ainsi. Pourquoi avait-elle cru avoir besoin des hommes ?

5

Traces

Paul fixait le panorama derrière la clôture. À cet endroit, l'île formait une sorte de coude. Une coulée de lave s'était solidifiée jusqu'à l'océan. Exposée au vent, cette partie de Nomad First était davantage propice à la masse rocheuse, socle indispensable, selon Paul, à l'existence même de l'île.

Paul testa la solidité de l'épais maillage. Il s'accroupit, creusa à mains nues un trou d'une bonne trentaine de centimètres sous le sable : le grillage était toujours là.

Paul se tourna vers la mer. Il regarda la clôture s'enfoncer dans l'eau et rejoindre le récif de corail. Il existait cette autre possibilité qui ne nécessitait pas de trouver des cisailles.

Comme ça, tu penses sérieusement à t'échapper ?

Ridicule, Paul.

Pourquoi es-tu revenu, alors ?

Sur cette partie de plage ses pensées devenaient plus claires. L'espèce de brume qui ankylosait son cerveau s'atténuait en périphérie du Resort. Le sentiment d'oppression s'allégeait bien qu'il se sentît toujours désorienté, nasse invisible lui répétant de rester, d'aimer ce lieu, de lui faire confiance. Entièrement confiance.

Paul but à sa bouteille. Il s'était équipé : casquette, nourriture, eau. Il se méfiait des distances et du temps. Il ne se rappelait plus exactement depuis quand il était là, mais une partie de lui-même refusait de se soumettre à l'inertie de l'Île.

Il égalisa le sable du plat de la main. Son index traça un

plan sommaire de Nomad First, ainsi qu'il se la remémorait vue du ciel. Tenant compte du cratère volcanique et de la masse rocheuse qui en découlait, il constata que le Resort était coupé du reste du territoire. Une enclave où la barrière de corail pouvait se développer à l'abri des vents et des rouleaux des vagues.

Une enclave où quelques kilomètres de clôture complétaient une…

… *prison naturelle* ?

Paul écarta cette idée. Il se leva, épousseta le sable collé sur ses genoux. Pouvait-il se permettre une telle supposition ? Pouvait-il croire un seul instant que ces vacances étaient un piège ?

Paul passa une main sur son crâne en sueur, remit sa casquette. Un drone volait dans sa direction, fin de la récréation.

Paul revint sur ses pas. L'absence totale de vent rendait la lagune aussi lisse qu'une flaque d'huile, rien que des frémissements de surface provoqués par des bancs de poissons.

Au fur et à mesure qu'il approchait des habitations, Paul trouva cette idée de prison absurde. Et lorsqu'il monta les marches menant au bungalow, toute inquiétude l'avait quitté.

Iris l'attendait, allongée sous le grand parasol en paille.

6

Tableau

Lou les surprit pendant qu'ils faisaient l'amour sur le divan du living. Son père haletait, le visage enfoui dans le cou et les cheveux de sa mère. Mais Iris n'était pas transportée comme elle l'aurait dû, en tout cas pas comme une fille de quatorze ans se l'imaginait.

Paul lui faisait l'amour et Iris fixait la fresque sur le mur.

Lou fit un pas en arrière pour mieux les épier. C'est ainsi qu'elle avait été conçue, une quinzaine d'années auparavant. L'atavisme de la scène la surprit plus qu'il ne l'excita. Il y avait quelque chose de brut, à la fois de trop proche et de trop évident, pour qu'elle puisse s'émerveiller. Et puis l'alcool qu'elle avait ingurgité rendait le spectacle irréel.

Lou aurait juré déceler de petites flammes rouges dans les yeux de sa mère. Les veinules envahissaient le blanc de l'œil qui se révulsait par moments. Son père avait accéléré la cadence, mais le plaisir qu'elle devinait chez sa mère n'avait rien à voir avec les coups de bassin qu'elle recevait. Le transport était dû au tableau, à cette accumulation de détails grouillant de personnages devenus comme fous sous l'effet du volcan en éruption : les petits gnomes se livraient à toutes sortes d'activités liées à la luxure, au meurtre, à l'avidité et à la gourmandise. Leurs membres minuscules prenaient, touchaient, déchiraient, éventraient, égorgeaient, pénétraient, cassaient, mordaient, avalaient tandis que des coulées de lave incandescente creusaient les flancs du cratère. Lou était trop jeune et ignorante pour y voir une similitude avec un tableau de Jérôme Bosch, mais l'univers représenté était bien celui de la folie. La folie absolue. La folie intégrale. La folie où l'Apocalypse laisse libre cours au déchaînement des passions les plus enfouies, incontrôlables et primales.

Iris griffait le dos de Paul, ouvrant les plaies à peine cicatrisées, ne quittant jamais le tableau des yeux, les yeux des petits gnomes affairés dans leur délire de fin du monde, occupés à se damner pour l'éternité, leurs yeux peints en noir. Se pouvait-il que ce soit eux, les habitants trapus et noirs, les indigènes en proie à la folie furieuse ? Ces gens discrets, domestiques silencieux et soumis, avaient perdu la tête, esclaves à jamais de la toute-puissance de la montagne, du volcan crachant sa bile jaune comme autant d'or et de richesse, comme le confort brûlant d'un bonheur en apparence pacifique, mais en réalité totalement destructeur.

Et puis, entre les grognements de son père et les incantations de sa mère, Iris le pensa si fort que même Lou put l'entendre.

Je le veux, Paul.

Et Paul lâcha sa semence dans le ventre vide, dans l'espace vide qui ne demandait qu'à se remplir.

Lou s'appuya contre le mur pour ne pas vaciller tandis que son père s'affaissait sur sa mère.

7

Retour à la normale

Le soir arriva. Et avec le soir, un apaisement autour de la table et du repas constitué pour l'essentiel d'une viande juteuse et tendre dont le goût sauvage n'était comparable à aucun autre. Le vin rouge en carafe était aussi épais que du sang. Savourant le nectar – oui, il devait avouer que ce vin n'était pas mal du tout –, Paul trouva même supportable le répétitif *dabadabada* (*Un homme et une femme*, piste 9) sur le point de s'achever.

La prochaine sera *Out of Africa*.

On échangeait des propos superficiels. L'Île y mettait du sien car l'Île était apaisée.

– C'est incroyable, tout de même, déguster un tel vin dans cet endroit perdu…

– Nous ne sommes pas perdus, chéri. Nous sommes le centre du monde. Et toi, ma fille ? Qu'en penses-tu ? continua Iris en ébouriffant les cheveux de Lou. Tu préférerais mendier dans la rue comme ces petites Roms ? Dieu sait ce qu'on les oblige à faire d'autre, pauvres petites !

– Iris, s'il te plaît ! intervint Paul. Je parlais du vin, pas des Roms. Je me demandais si… Enfin, comment toutes ces marchandises arrivent jusqu'ici…

– Cesse de te poser des questions inutiles, fit Iris. Verse-moi plutôt à boire.

– Je suppose qu'il existe un port, lâcha Stanislas.

– Le petit génie se réveille ? ironisa Lou.

– Un port ? répéta Paul.

Iris saisit la main de son mari :

– Qu'importe d'où ça vient, du moment que c'est à nous et que nous pouvons en profiter. Tous les jours, chéri. Y goûter, y prendre du plaisir. L'Île nous accueille.

Demande-leur, Stan. Il faut que tu saches.

– Papa, maman… Quel… Quel jour sommes-nous ?

– Qu'est-ce que t'en as à foutre ? s'étonna Lou. On est le jour qu'on est !

– Depuis quand est-on ici ? insista Stan.

– Ta sœur a raison, quelle importance ? dit Iris.

Paul réfléchissait. En tout cas, une partie de son cerveau tentait de trouver une date, d'élaborer un calcul, incapable cependant de mener au bout ce simple raisonnement. Il regarda son verre, but une gorgée en faisant claquer la langue après coup.

– Je vais vous le dire, fit Stan. Cinq jours. Demain, ce sera le sixième et après-demain, on est censés retourner chez nous !

– Pas possible ! se moqua Lou qui pouffa avec sa mère.

– On doit partir… après-demain ? Tu… Tu es sûr ?

– Oui, on rentre, papa.

– Quand ce sera le moment, nous le saurons bien assez tôt, fit sèchement Iris.

– On est censés repartir en hydravion, vous vous souvenez ? Il faut que…

– Tais-toi ! hurla Iris.

– Mais, je…

La gifle cueillit Stan sur la bouche.

Paul se leva, titubant, et se dirigea vers la baie vitrée qu'ils avaient fermée au bénéfice de l'air conditionné – branché tout à fait exceptionnellement, d'après Mike, pour compenser l'inhabituelle absence de vent.

Sa migraine l'avait repris comme au bon vieux temps de… De quoi, au fait ? Quand avait-il ressenti ces migraines, déjà ?

Bon sang, t'es bourré vieux, arrête avec le pinard et va te coucher.

– Un petit Scrabble ? demanda Iris à la cantonade.

Stan fixa tour à tour les membres de sa famille. *Ils ne savent pas*, pensa-t-il. *Charlotte et Hugo ont raison. Ils ne savent plus.*

Stan se leva, rejoignit son père et lui prit la main.

Résiste, papa. Je t'en prie !

Paul regarda son fils, perçut sa détresse. La tête lui tournait, sa paume laissa une empreinte humide sur la vitre.

— Au fait, Stan, fit Iris en disposant les pièces du Scrabble sur la table. Demain, je t'ai inscrit au stage de « Canoë/kayak ». Départ à l'aube.

— Mais, maman ! Je voulais aller avec Hugo et Charlotte à…

— Tu iras où je te dirai d'aller. Je n'aime pas ces deux gamins. Ils ont une mauvaise influence sur toi !

— Tu parles des deux handicapés ? demanda Lou.

Stanislas lâcha la main de son père :

— Ils ne sont pas handicapés ! Ils sont différents !

— De les fréquenter, ça te tire vers le bas, fit Iris.

— Et ses copines à elle ? hurla encore Stan. Tu ne les trouves pas idiotes ?

Lou lui lança un morceau de pain qui l'atteignit au front.

— C'est ça, va bouder ! fit Lou en regardant Stan quitter la pièce.

Paul avait vécu la scène comme s'il était prisonnier d'une gangue invisible. Il aurait voulu intervenir, protéger son fils de ces deux harpies, mais on l'avait capturé. Toute son attention était concentrée sur le fait de ne pas vomir.

Et puis pourquoi pas, au fond ?

Il se laissa aller : l'entier repas gicla contre la vitre et se répandit à ses pieds. Le soulagement fut immédiat.

Iris et Lou regardaient Paul, horrifiées, qui leur souriait en retour, la chemise mouchetée de morceaux de nourriture à peine engloutis.

Derrière eux, personne ne le vit, mais le tableau bougeait sur lui-même. L'Île était un bateau qui tanguait.

8

Rêve ou cauchemar ?

Il se réveilla en sueur. Le rêve avait été fulgurant. En tout cas, c'est l'impression qu'il en eut au réveil, hagard, les yeux rivés au plafond. Une lame tranchant la pellicule d'un papier sulfurisé. Net, précis, sonore : il surnageait au milieu de l'océan tandis qu'Iris, Lou et Stanislas s'éloignaient sur une chaloupe, le saluant de la main.

Paul se tourna, Iris avait déserté le lit.

Il se leva, répéta les gestes de se rendre à la cuisine, de tester les différents robinets, oubliant qu'ils ne donnaient pas d'eau durant la nuit. Cette fois, il trouva une bouteille d'eau dans le réfrigérateur.

Non, les robinets ne veulent pas *te donner d'eau pendant la nuit.*

Stan avait raison : leur mémoire s'effaçait. N'était-ce pas le meilleur moyen de les retenir ?

Paul sortit sur la véranda. Il aperçut une silhouette vêtue de blanc qui longeait la plage. Il devina les cheveux longs, la blondeur soyeuse au clair de lune, et Paul sut qu'il était en train de la perdre. Iris s'éloignait sur cette plage et ce n'était même pas une allégorie, mais un simple constat. Amer et inéluctable.

Le sol craqua sous ses pieds, les meubles vibrèrent autour de lui, comme agités de soubresauts telluriques.

La première marche grinça sous son poids et se cassa. Une longue écharde faillit lui pénétrer le mollet. Il fit un bond et atterrit dans le sable, au pied de l'escalier. La maison ne l'aimait pas, mais qu'importe ! Il voulait courir après Iris, la prendre dans ses bras, mais il savait aussi qu'il serait déçu, qu'elle ne le comprendrait pas. Il devrait s'y prendre autrement, l'isoler, capter son attention, toute son attention. Retrouver l'éclat dans ses yeux, remplacer l'arrogance par le doute. Retrouver l'humilité était ce qui pouvait leur arriver de meilleur. Ils étaient devenus capricieux et irresponsables.

Il perçut un mouvement dans le ciel. Les feux de position d'un avion de ligne clignotaient dans l'obscurité argentée de la lune : vert et rouge, à trente mille pieds au-dessus de la terre. Il se surprit à lever la main pour lui faire signe.

Il baissa la tête, regarda autour de lui avant de chercher à l'intérieur de lui-même : il n'était pas cet homme du dépliant marchant avec sa famille sur une plage. Il n'était pas cette image d'Épinal dans un monde qui ronronne. Il s'était cru heureux alors qu'il était seulement un homme occupé.

9

Atavisme

Paul coupa l'air conditionné. Une petite flaque d'eau s'était formée sur le sol, au-dessous du climatiseur fixé au mur.

Sans pouvoir se l'expliquer, il pensa aux enfants. Il avait besoin de se rassurer, de les voir. Le temps qui enveloppait ce lieu dans un absolu immobile devenait une menace et l'éternité, une malédiction.

Il entra dans la chambre de sa fille, contourna le lit, veillant à ne pas la réveiller. Au moment où il allait la border, Lou saisit son poignet. Paul ne réussit pas à se dégager. Un cri mourut dans la gorge de sa fille. Il vit ses pupilles révulsées de somnambule.

– Viens, dit-elle dans un souffle rauque.

Elle se souleva, la bouche ouverte, pour qu'il l'embrasse, et Paul, la main prisonnière entre les cuisses de sa fille sentit le dégoût l'envahir. Son visage se crispa, sa bouche s'ouvrit en silence, jusqu'à ce qu'un hoquet donne le signal et ouvre les vannes. Paul fit alors ce qu'il n'avait plus fait depuis longtemps, depuis que Lou avait été renversée par une voiture et que le médecin leur avait annoncé que leur fille n'était plus en danger : il pleura.

Et tout en pleurant, il retira doucement sa main et, de l'autre, caressa la tête de sa petite fille, la pressant contre lui. Il apaisa sa fièvre en lui fredonnant une chanson de l'enfance, celle qu'il avait chantée alors qu'elle était dans ce petit lit à barreaux de l'unité de soins intensifs, son petit corps bardé de perfusions comme une bête mutante. Il chercha et trouva sous la chevelure épaisse la longue cicatrice boursouflée sur son crâne. Il passa ses doigts dessus, tout en priant comme il l'avait fait alors. Parce que, derrière la chanson fredonnée, il y avait la prière secrète d'un père au désespoir, répétant, ne me l'enlevez pas, je vous en supplie mon Dieu...

Mais Dieu avait-il accès à Nomad First ?

Lou abaissa enfin ses paupières, sa respiration redevint régulière. Son corps se détendit. Paul la recouvrit. Il embrassa son front moite. Il enclencha le ventilateur au plafond et referma la porte.

Paul était en colère.

Et sa colère rencontra Stan qui l'attendait, tapi dans l'ombre :

– Papa ? Je dois te montrer quelque chose.

10

Union

Mais d'abord, Stan lui demanda en chuchotant :

— Tu es avec moi, papa ?

Paul s'accroupit devant son fils :

— Comment ça ?

— Chut ! Moins fort. Je... Je dois savoir si tu es avec moi ou... *Eux* ?

— Oui, Stan.

— Dis-le.

— Je suis avec toi.

— Tu as pleuré ?

— Oui.

— Comment je peux être sûr, papa ? Maman, on l'a... on l'a *perdue*...

— Je m'en charge, Stan. On partira tous ensemble, tous les quatre. Je te le promets.

— Il faut que je sache, papa.

— L'Île cherche à nous retenir. L'Île envoûte et absorbe.

— Et pourquoi pas toi comme les autres ?

— Parce que maintenant je doute.

Stan lui sourit et Paul sentit sa colère devenir une force. Dans la pénombre, ils avaient sauvé l'essentiel, ils avaient sauvé le regard, une petite fenêtre sur l'âme, dit-on. Ce lien était ce qu'ils avaient de plus précieux.

— Suis-moi, fit Stan.

*

*   *

Ils s'accroupirent derrière la fenêtre. Paul frottait son menton. Sa barbe formait un premier duvet compact. Il reconnut Christelle, ce Patrick Merz rencontré au Men's Health, d'autres Résidents vus au Club ou ailleurs.

— C'est comme ça chaque nuit ?

— Après l'extinction des arroseurs automatiques, murmura Stan.

— Leur disposition est la même ?

— Oui, sauf que… Ils sont chaque fois plus près de la maison.

— Ça signifie qu'ils entreront bientôt ?

Stan déglutit, répéta ce que lui avaient dit Charlotte et Hugo :

— Ils entreront et la famille s'agrandira.

— Tu veux dire que…

— On ne s'appartiendra plus. On sera avec eux, ils seront avec nous. On nous emmènera ailleurs avec Lou. D'autres s'occuperont de nous. Toi et maman resterez ici, mais parfois vous serez mélangés avec… avec eux… Jusqu'à ce qu'on s'oublie, tous…

— C'est ce qui est arrivé à tes amis ?

Stanislas approuva de la tête. Son visage était crayeux, ses lèvres sèches :

— Mais ils continuent de résister.

— Ça va, fiston ?

— J'ai peur, papa.

— On est ensemble, maintenant, le rassura Paul en posant une main sur l'épaule de son fils.

Ils observèrent les Résidents qui s'en retournaient comme ils étaient venus.

— Toujours dans le même ordre aussi ? demanda Paul.

— C'est comme une chorégraphie.

– Il y a une force, Stan, c'est ça que tu penses ?

L'enfant hésita, puis :

– Papa ? Je… Je crois qu'on peut tromper encore un peu les Résidents, mais pas l'Île. L'Île n'est pas dupe. J'ai peur que… que l'Île puisse entrer en nous et nous manipuler, papa… Comment savoir qu'elle ne nous divisera pas ?

– Toi et moi, on va commencer par rester unis, Stan. Ça va leur faire tout drôle à ces trous du cul !

Stanislas regarda son père, étonné.

– Navré, fiston. Mais quand il faut, il faut.

JOUR 5

1

Refus

À dix heures précises – mais c'était la marque d'un temps purement formel, celui de l'organisation des tâches – Lou alla rejoindre ses amies pour une « Journée Relax » au Spa du Club. Quinze minutes plus tard, Iris embrassait Paul sur la joue et le quittait pour un « Yoga Marathon » qui la tiendrait éloignée de la maison jusqu'au soir.

– Pour le dîner, j'ai commandé du homard, fit Iris. Et une spécialité pour dessert…

– Tu n'as pas oublié le vin, bien sûr ?

– Bien sûr que non, mon chéri, ton blanc bien frais en carafe. Comme tu l'aimes.

Paul et Stan restèrent seuls à la table du petit déjeuner. Paul s'adossa contre sa chaise, termina son café, songeur. Stan préparait des sandwichs avec une sorte de fromage et des tomates vertes.

– N'oublie pas ta gourde, fit Paul.

Stan acquiesça au moment où le tintinnabulement d'une golfette retentit à l'extérieur.

Paul regarda Stan :

– À moi de jouer, fit-il.

Et il se leva.

Devant la porte se tenait Denise, short blanc, tee-shirt vert, bronzage doré. Un vrai arc-en-ciel.

– Bonjour ! fit-elle d'un ton cordial. Je viens chercher Stan pour son activité.

— Je suis désolé. Stan ne se sent pas bien aujourd'hui.

Le visage de Denise s'assombrit, or l'attrait d'une personne dépend beaucoup de son sourire. Elle chercha à voir derrière Paul :

— Vous voulez dire qu'il est malade ?

— Tout à fait.

— Sans vouloir vous contredire, j'ai de la peine à le croire, monsieur Jensen.

— Vous me contredites, pourtant.

— On ne tombe pas malade, monsieur Jensen. C'est impossible.

— Une maladie de l'âme, mademoiselle Denise.

— *De l'âme* ?

— Ce qui semble vous faire défaut, oui. Au revoir.

— Attendez ! fit-elle en s'avançant vers la porte. Et que fera votre fils durant la journée ?

— Il reste avec moi, ça vous pose un problème ?

Denise parut déconcertée.

— Au revoir, mademoiselle.

Paul referma la porte, mais Denise ne bougea pas. La semelle de sa tong raclait le paillasson comme le sabot d'un taureau furieux.

Finalement, il l'entendit retourner à sa voiturette. Elle s'éloigna en provoquant une intense vibration électrique, l'équivalent d'un « plein gaz » sur une voiture à essence.

*

* *

Paul et Stan marchèrent à la lisière de la plage, sans s'exposer à d'éventuels regards ou aux drones. Lorsque Stan trouva la piste, il salua son père.

— Ils seront là ? demanda Paul.

— Y a intérêt ! fit Stan. Au pire, ça me fera une balade.

C'est toujours mieux que de se retrouver avec cette folle de Denise.

– Aucun doute là-dessus, fiston. Et n'oublie pas : un signal tous les vingt pas.

Ils se donnèrent l'accolade et Stan s'enfonça dans la forêt.

2

Derrière la porte

Paul se décida. Il prit son élan, flanqua un coup d'épaule contre la porte de la salle de bains. Au troisième essai, la serrure céda dans un craquement qui évoqua le bruit d'un os qui se brise.

Les stores étaient baissés. Dans la pénombre, Paul n'en fut pas tout à fait sûr jusqu'à ce qu'il allume la lumière.

Au milieu des culottes sales, un tas de grossières serviettes hygiéniques usagées jonchaient le sol. Des traces de doigts ensanglantés dessinaient des signes incompréhensibles sur le miroir. Dans le bac à douche, un gant de toilette flottait dans un fond d'eau à la teinte rose chair.

Paul se retint au chambranle. La main en creux sur son nez et sa bouche, il se résolut à traverser la pièce pour ouvrir la fenêtre. Il avança sur la pointe des pieds, veillant à ne rien toucher. C'était Iris, pourtant. Elle était sa femme, son cœur, sa vie, mais est-ce que monsieur le curé aurait pu envisager une telle éventualité au moment où il demandait à Paul de promettre, devant Dieu, de l'aimer et de la chérir pour le meilleur et pour le pire ?

3

Réunion

Stan retrouva Charlotte et Hugo à l'entrée du passage. Leur mine était sombre, ils répondirent à son salut par un marmonnement.

— Qu'est-ce qui se passe, il y a un problème ?

Hugo continuait à regarder ses pieds. Charlotte se décida enfin à parler :

— Tu es avec nous, Stan ?

— Comment ça ? Bien sûr que oui. Pourquoi cette question ?

Hugo jeta dans les fourrés le petit caillou avec lequel il jouait nerveusement :

— Parce qu'à partir de maintenant, notre survie dépend de toi.

Stan ôta son sac à dos. Son tee-shirt était imbibé de sueur.

— Hé, on te cause ! dit Hugo.

Stan les regarda l'un après l'autre :

— Vous vous êtes enfuis ?

Charlotte acquiesça :

— On n'a pas eu le choix. On était censés partir au dortoir commun dès ce soir.

— Le dortoir commun ?

— Une sorte d'internat, on n'en sait rien. Nos parents en parlaient depuis un moment et le moment est arrivé, semble-t-il. Déjà qu'ils ne s'occupaient plus de nous, mais là ils nous lâchent carrément.

— On a connu un seul garçon qui est parti pour le dortoir commun. On n'a jamais plus entendu parler de lui...

— Et... Et lui aussi était *différent* ?

— Tu peux le dire, s'esclaffa Charlotte. Il était trisomique !

Hugo ne put s'empêcher de rire.

— Mais sa sœur était une vraie perfection, ajouta Charlotte. Ça te rappelle quelque chose ?

Gêné, Stan regarda autour de lui. Tout était immobile : les feuilles, les arbres, la nature. Le ciel était d'un bleu limpide, aucun nuage pour marquer le cours du temps.

— Je me sentirais plus en sécurité si on rejoignait l'Éden, fit Stan.

— Il faudra que tu nous apportes à manger, dit Hugo.

— On a pris des couvertures et deux lampes de poche. On ne reviendra pas au bungalow, jamais, dit Charlotte.

Ses camarades étaient perdus, ils avaient besoin de lui. Stan représentait leur dernière chance de salut.

— On va tenter le tunnel cette nuit, dit-il. Ensuite je resterai avec vous.

— Et pour la bouffe, on fera comment ? s'inquiéta Hugo.

— Je croyais que c'était un problème de thyroïde ?

— Ah ! Ah ! Très drôle !

— C'est bon, intervint Charlotte. Laisse-le finir ! Alors ?

— Mon père a un plan.

— On va s'échapper à la nage et attendre un bateau ? fit Charlotte, agacée.

— Non.

— Alors ? fit Hugo. Dis-nous, bon sang !

— On va prendre un bateau et s'échapper en avion.

4

Phénomènes

Elle l'avait accueilli dans son lit et ses fauteuils, lui avait offert ses plus beaux atours – pièces vastes, éclairages doux, mobilier soigné. Elle s'était engagée à lui offrir, chaque soir, des crépuscules à couper le souffle, et maintenant il ne pensait plus qu'à la quitter. Pire : à la renier.

Paul voulait fuir et la Maison était hors d'elle.

Tous les robinets se mirent à couler en même temps, charriant une eau noire et nauséabonde. Les portes claquaient sans relâche, le plancher se gonflait avant de se rétracter, comme si le bungalow respirait. Paul s'appuya contre une cloison qui lui envoya des décharges électriques afin de l'en éloigner. Sur le mur du salon, les personnages avaient disparu du tableau. Il ne restait que l'île déserte et son volcan en éruption.

Et la mer devenue rouge sang.

Mais le pire étaient les visions : Lou dansant avec ses copines, leurs corps mimant des poses obscènes. Lou riait, ivre et droguée, en sueur, moite et disponible à tout ce qu'on voudrait bien lui faire. Dave et Mike observaient les filles et, sous leur peau caramel, sous les traits de leur beauté apparente, Paul voyait ce qu'ils étaient réellement comme on briserait une vitre opaque. Autant de lignes difformes et hideuses, de couleur ternes : le mensonge, la malveillance, la bêtise, la lâcheté.

Paul écarta la vision de sa fille, et fut aussitôt assailli par l'image d'Iris assise en cercle avec d'autres femmes dans un lieu sombre et humide, ses mains prises dans l'étau d'autres mains et les femmes, non pas assises en tailleur comme pour une séance de yoga, mais accroupies et nues, un miroir placé sous leur sexe qu'elles faisaient remuer avec les muscles de leurs ventres. Et sous les incantations des voix qui se superposaient, se mélangeaient les unes aux autres, on comprenait que leur sexe était devenu une bouche et le sexe remuait et parlait au miroir qui lui renvoyait les sons et les formes et les mouvements, une bouche avide et muette qui répétait que le monde était ici, que le temps et l'espace convergeaient pour devenir un entonnoir, acédie souveraine qui englobait tout, ici et maintenant.

Paul donna un coup de pied dans la porte de la chambre à coucher, la sortant de ses gonds inférieurs. Le battant, dans une dernière tentative de rébellion, bougea en crissant sur le sol avant de s'immobiliser. Dans son sac à dos, Paul empila ses chaussures de course, quelques vêtements de rechange, son canif. Son esprit se débattait contre l'engourdissement qui voulait le retenir.

Quand il passa devant la chambre de Stan, aucune vision de son fils ne lui fut renvoyée. Il le savait en sécurité dans ce lieu secret quelque part dans la montagne. Mais Stan ignorait que les événements se précipitaient depuis le matin. Le plan qu'ils avaient imaginé avait subi une modification fondamentale : Paul devenait un fugitif.

La maison se calma d'un seul coup. Tout ce qui était en activité se figea. Paul entendit leurs voix provenant de l'entrée principale.

Ding-dong.

Doux et sensuel comme une sonnerie d'appartement où tout va bien. Où la Famille Modèle vous attend pour l'invitation du samedi soir.

Paul hésita. Il laissa tomber le sac derrière la porte et ouvrit.

Vera se tenait sur le seuil, accompagnée de Denise.

La Maison les a alertées.

– Monsieur Jensen...

– Bonjour Vera. Que puis-je pour vous ?

– C'est au sujet de votre enfant, Stanislas. Denise m'a signalé que vous refusiez son activité annoncée du jour.

– Stan est malade.

– Ce n'est pas ce que dit votre femme.

– C'est *moi* qui le dis. Cela vous pose un problème ?

– Nous voudrions lui parler, intervint Denise.

– Vous lui parlerez demain.

Vera avança son pied pour bloquer la porte :

– Il est absent, n'est-ce pas ? Je parie qu'il traîne avec ces deux gosses mal élevés !

– Charlotte et Hugo, fit Denise.

– Je crains que nous devions envoyer quelqu'un à leur recherche, reprit Vera. Le règlement interdit aux enfants de se promener dans le Resort sans la surveillance d'un adulte.

– Ôtez votre pied, Vera.

– C'est très mal ce que vous faites, monsieur Jensen. Refuser d'intégrer son enfant dans la communauté est indigne d'un parent. J'ajoute que la vulgarité est une forme de communication hautement méprisable.

Vera *dixit*.

Qu'elle aille se faire foutre.

6

Piste

La montée devenait de plus en plus raide. Paul dut ralentir son rythme. Il avait complété son sac en y ajoutant des fruits et du pain. Parfois, la végétation était si dense qu'il devait s'arrêter afin de repérer la balise de Stan. Le garçon s'était employé à laisser la trace de son passage tout en restant discret quant à d'éventuels suiveurs autres que son père. Chaque fois qu'il repérait le signal, Paul expulsait bruyamment l'air de ses poumons, soulagé. C'était la peur de perdre son fils, la crainte de se perdre tous les deux, de se voir expulsés chacun de son côté dans un temps et un espace qui les diviseraient à jamais.

C'était la mort.

Et Paul la refusait. Pas encore, pas maintenant. Pas sans avoir d'abord lutté de toutes ses forces. Lui et sa famille étaient les otages d'une bande de fous qui avaient réussi à subjuguer le reste des résidents au nom d'un prétendu idéal. Ne fallait-il pas chercher une explication à cette situation absurde dans la suite logique des événements ? Dans la prédisposition qui l'avait amené à devenir ce qu'il était ? Époux, père, cadre supérieur, citoyen modèle ? En octobre, ses enfants participaient à La Marche de l'espoir ; en novembre, il ne se rasait plus la moustache pour la Movember Foundation Charity ; à Noël, il donnait sa contribution au Téléthon… Paul Jensen avait tout juste, s'indignait là où il le fallait, s'enthousiasmait quand il le fallait, ne remettait aucunement en question le système qui l'avait promu dans ce cercle très fermé où les salaires se mesuraient en kilos.

Il grimpait la pente abrupte avec rage, maintenant, s'aidant de ses mains. Il arrachait des bouts de racines, glissait sur un tas de pierres, reculait d'un mètre et repartait de plus belle, remonté, c'est le cas de le dire.

La végétation devenait plus clairsemée au fur et à mesure de l'ascension. Stan avait entassé des cailloux les uns sur les autres. Paul, le nez sur la montagne comme si on le lui avait mis dans sa propre merde, ne pouvait endiguer le flot de ses pensées. Dans une moindre mesure, le monde dans lequel il vivait habituellement n'était-il pas une construction similaire à celle de l'Île ? N'avait-il pas dressé des barrières entre la réalité et lui ? Le petit monde à soi ne l'emportait-il pas au détriment d'une vision globale ? Que diras-tu à ta femme ? À ta fille ? À ton fils ? Qu'on l'a échappé belle, qu'on s'est fourvoyés dans une apparence de vie ? Et que leur propose-ras-tu en échange ?

Paul atteignit une zone de roches. Sur l'une d'entre elles, une croix grossière frottée à l'aide d'un caillou marquait la fin de son ascension. Il se laissa tomber au pied d'un bloc à l'ombre duquel on apercevait l'océan : bleu, infini, apaisant. La nature était toujours là, le resterait longtemps après lui, à sa façon, bien après la disparition du dernier homme. Il y en aurait un, forcément. Un tout dernier. Peut-être ne le saurait-il même pas, peut-être n'aurait-il même pas le temps de s'en rendre compte. Il n'aurait plus personne à qui parler, *un peu comme toi en ce moment, Paul. Mais, jusqu'à hier, à qui parlais-tu réellement ? Qui, autour de toi, avançait un argument différent, une vision des choses allant à contre-courant du cadre établi ? Peu importe que le monde survive encore quelques siècles ou des millions d'années. On te l'a dit, tout le monde le sait mais ne l'a pas compris : le temps est relatif. Le temps de l'Île, le temps de ta vie, de ton époque.*

Il n'y a aucun levier sur lequel t'appuyer, aucun autre homme auquel tu peux te comparer.

Tu es seul.

Tu es seul parce que tu as choisi.

7

Au nom du père

— Bon, au moins, les adultes ne peuvent pas pénétrer dans votre refuge. J'ai essayé, impossible, fit Paul.

Venus le rejoindre à l'entrée de l'Éden, les enfants regardèrent Paul comme s'il venait de dire une immense connerie, ce qui était le cas : il n'y avait rien de rassurant dans leur situation, pas besoin de vouloir leur faire croire le contraire.

— D'autres enfants peuvent le faire, et puis… les indigènes se faufileraient aisément, dit Charlotte.

Paul se gratta la nuque. Les enfants envisageaient le danger aussi d'un point de vue de plus petit que soi.

— Dans ce cas, il faut vous barricader, dit-il.

— C'est fait, papa. On a prévu de bloquer l'entrée avec une grosse pierre et un vieux tronc d'arbre. Depuis le boyau, il est quasiment impossible de dégager le passage.

— N'empêche qu'il n'y a aucune autre issue possible à moins d'explorer ce tunnel, intervint Hugo.

— Vous en êtes sûrs ?

— Absolument, fit encore Hugo. On a cherché, sans résultat.

— L'autre option serait de tenter l'escalade…

— Pas question, Stan ! Sans expérience ni matériel, vous risquez votre vie. La montagne doit culminer à plus de mille mètres. Non, l'exploration du tunnel me semble le plus judicieux. Emportez vos lampes de poche et de l'eau. Je vous conseille de bricoler des ponchos avec vos couvertures, vous aurez froid là en bas…

Paul donna son canif à Stan.

— Et toi, papa ?

— Je vais tenter de contourner cette maudite montagne. Même de petits avions-cargos ne pourraient pas atterrir sur la piste de l'aérodrome, elle est trop courte. On se retrouve demain ici même et on fera le point. Que l'un d'entre vous vienne vérifier ma présence, je vous attendrai. Une fois dans le tunnel, n'oubliez pas la chose la plus importante : au moindre danger, je veux que vous retourniez en arrière. C'est moi l'adulte, je suis responsable, d'accord ? De mon côté, il se peut que je trouve le moyen de vous sortir d'ici sans que vous preniez des risques inutiles. En cas de dédoublement de galeries, balisez votre chemin en traçant des signes sur la roche. Économisez vos piles, utilisez votre clepsydre et...

— On sait tout ça, papa.

— Merde, Stan ! Je peux quand même m'inquiéter, non ?

— Je voudrais bien que mon père en fasse autant, lâcha Hugo au bord des larmes.

Charlotte le prit dans ses bras, enfin, dans son bras...

— On va s'en sortir, tu verras !

Hugo haussa les épaules en reniflant. Charlotte continua :

— Monsieur Jensen, je... Prenez garde vous aussi. Les indigènes parlent toujours de « gibier » pour justifier les clôtures entourant le Resort. J'ignore ce qu'ils veulent dire par là, mais il y a peut-être une menace réelle...

— Je crains que le seul gibier existant, ce soit nous, Charlotte.

8

Constat

La golfette déposa Iris devant son bungalow. Une fois à l'intérieur, elle découvrit, effarée, le désordre causé par le bouleversement de ses certitudes.

Elle resta plantée au milieu du salon, tournant sur elle-même, constatant, évaluant, calculant. Lorsqu'elle découvrit que Paul avait forcé la porte de la salle de bains, elle laissa s'échapper une longue plainte d'enfant blessée. Les traits de son visage se déformèrent. On apercevait déjà, en contre-jour, sous la peau tendue et les premières retouches du docteur Vaillant, l'autre visage d'Iris, celui qui avait secrètement grandi au fond d'elle-même, celui qui trouvait enfin le lieu pour éclore et se révéler au grand jour.

Iris prit la grande serviette maculée de sang séché, s'y enveloppa comme dans une gangue avant de s'effondrer à genoux sur le sol. Elle avait vu les gnomes déserter le tableau, elle savait que l'Île lui reprochait son incapacité à retenir son mari. Alors, elle s'inclina et demanda pardon, pardon, pardon, elle suppliait de ne pas l'exclure, de lui laisser une seconde chance.

— Je ferai ce qu'il faut. Je ferai *tout* ce qu'il faut…

— Qu'est-ce qui se passe, maman ?

Iris ferma les yeux, tendit le bras en arrière pour que sa fille lui prenne la main. Elle sentit les doigts glacés de Lou et, un instant, elle fut projetée très loin du Resort, dans le jardin de ce qui était leur ancienne demeure, il y a de cela longtemps, lorsque Lou était encore une enfant. Sa robe voletait dans la brise du soir, elle jouait avec ses poupées, concentrée dans son activité, et Iris avait ressenti une terrible désolation dans le fait d'être une femme, de léguer à sa fille cette condition à perpétuer.

Lou se pressa contre le dos de sa mère, mêlant ses doigts aux siens, les serrant si fort, à en éprouver de la douleur.

— Alors, c'est ça, devenir une femme, maman ?

Iris sentit de la rage monter en elle.

Elle aussi avait choisi. Elle aussi entrait en guerre.

— Devenir une femme signifie se confronter aux hommes, ma fille.

— Je t'ai vue quand tu... Quand tu étais avec... papa.

— Il n'y a plus de papa.

— J'ai vu tes yeux. Je t'ai vue, maman.

— Je sais qui tu es, ma fille. Je sais ce que tu as dans le ventre.

— Tu... Tu m'aimes, alors ?

— Tu n'es plus une menace, tu es avec moi.

— Je le veux tellement, maman. J'en ai tellement envie. Je veux tout ce que tu as.

— Tu l'auras bientôt. Tu es la relève, mon amour.

9

Néoprène

Il lui fallait une seconde peau.

Paul avait demandé à Charlotte où se trouvait la cahute et, maintenant, il l'observait, tapi dans la végétation. Il avait attendu, cherchant à y déceler une quelconque présence, mais le gros cabanon paraissait bel et bien désert.

Il regarda encore autour de lui et se lança à découvert sur le sable brûlant. Il s'accroupit à l'ombre des pilotis. Le temps de reprendre son souffle, il grimpa les marches, parcourut la galerie extérieure et ouvrit la porte qui, comme il le supposait, était juste fermée par une clenche.

Une fois à l'intérieur, il repéra les combinaisons de plongée alignées sur un portant. Paul hésita entre deux tailles, opta pour la plus grande, de toute façon il n'était pas là pour faire du tourisme subaquatique. Il la plia sous son bras, ouvrit la porte et tomba sur Denise.

Elle lui asséna un coup sec au plexus, les doigts rassemblés en faisceau. Paul se retrouva le souffle coupé. Il tomba à genoux, la bouche ouverte, cherchant cet oxygène qui refusait de pénétrer ses poumons. Le genou de Denise le cueillit à la pommette. Il se retint à l'un des cordages enroulés contre le mur et emporta dans sa chute une série de balises de plongée. Denise s'arc-bouta sur le dos de Paul et le saisit à la gorge. Son avant-bras lui écrasa la glotte avec une force surprenante. Paul poussa en arrière et Denise fut projetée contre la cloison. La cahute trembla. La jeune femme lâcha

181

prise, Paul se retourna, prêt à frapper, mais Denise était littéralement clouée à la paroi. Une longue pointe destinée au stockage des cordes avait transpercé son flanc. En équilibre sur la pointe des pieds, elle fixait, incrédule, le morceau de métal qui sortait de son corps. Un filet de sang coula sur sa peau mate, disparaissant sous la ceinture de son short. Denise leva la tête. Son expression affichait le désarroi provoqué par la douleur crue et impitoyable du métal dans la chair.

— Je vous en prie, fit-elle dans un souffle.

Denise était une marionnette, mais une marionnette cruelle. Paul récupéra son sac à l'extérieur, y trouva son téléphone.

— Où sont les gants et les chaussures de plongée ? demanda Paul.

Denise lui fit signe d'aller se faire foutre.

— Je croyais que la vulgarité était une forme de communication hautement méprisable ? fit Paul.

Elle grimaça, son visage était blême. Paul lui fit comprendre qu'il était sur le point de lâcher le téléphone par terre.

— Dans la… caisse sous les bombonnes d'oxygène…

Paul souleva le couvercle, fouilla à l'intérieur, vérifia les bonnes tailles. Il récupéra sa combinaison par terre et tendit le portable à Denise.

— Vous n'y arriverez pas, de toute… façon.

— Chacun son job : vous essayez de me retenir, j'essaie de m'échapper.

Paul appuya sèchement sur l'épaule de la fille qui gémit de douleur :

— De la part de Stanislas Jensen, fit-il avant de la quitter.

10

Hésitations

Le trio se tenait devant l'entrée de la faille. Personne n'osait faire le premier pas.

— Vous connaissez l'histoire du supervolcan de Toba ?

— C'est pas le moment, Hugo, fit Charlotte.

— Il y a soixante-quatorze mille ans, environ, son éruption causa un hiver volcanique qui aurait duré une dizaine d'années, faisant baisser la température sur Terre de trois à quatre degrés en moyenne. Mais dans les régions tempérées, cette baisse a atteint jusqu'à quinze degrés. On parle ensuite d'un hiver volcanique qui aurait duré mille ans...

— Le *bottleneck*, continua Stan.

— Le quoi ?

— Le goulot d'étranglement.

— C'est bon, je connais l'anglais, dit Charlotte.

— En réalité, seul un millier d'hominidés auraient survécu au changement radical du climat.

— Ce qui voudrait dire que tous les hommes nés par la suite descendraient uniquement de ce millier d'individus ? demanda Charlotte.

— Oui. Mais, bon, n'oublions pas qu'ils étaient porteurs d'autres gènes, également. Ils n'étaient pas les mille *premiers*, précisa Hugo.

— C'est bon, t'as terminé ? fit Charlotte. Je ne vois pas en quoi ce petit discours va nous aider à descendre là-dessous.

– Je tiens à rappeler qu'on va pénétrer dans un volcan, c'est tout.

– Ouais ? Et après ?

– Ce n'est pas une simple montagne, répondit Hugo. Dis, Stan, ton père a bien vu de l'eau dans le cratère ?

– Un lac, oui.

– Donc peut-être qu'on trouvera des grottes remplies de flotte, des zones plus chaudes et humides, des gaz, ce genre de choses…

– Génial ! s'exclama Charlotte. Maintenant, on a encore plus les chocottes. Tu peux pas la fermer ?

– Je crois que Hugo a raison, dit Stan. Mieux vaut prévoir ce qui peut nous attendre.

– Ah, oui ? Et tu feras quoi, si des gaz nocifs se dégagent de la roche ? Tu appelleras une ambulance ?

Cette dernière remarque les fit rire tous les trois. Nervosité, tension. Ils se calmèrent. Stan dit :

– Je crois qu'on ne devrait pas s'attarder. On ferait bien d'y aller tant qu'il fait jour.

Charlotte scruta le ciel, l'inclinaison des ombres dans l'Éden :

– Il doit être autour de midi…

– Bon, qui reste alors ? s'enquit Stan.

– Et si on cassait la croûte avant de décider ? proposa Hugo.

Stan ne put s'empêcher de rire à nouveau, Charlotte pouffa également.

– OK ! fit Charlotte redevenue sérieuse. Mais après ça, on n'aura plus d'excuse pour ne pas descendre là-dessous.

11

Fugitif

Paul estima que le soleil était à son zénith bien qu'il avançât sous les palmiers et la végétation. Toutefois, celle-ci n'était jamais trop dense pour qu'il manque d'apercevoir des pans de ciel bleu. L'air demeurait toujours aussi lourd et suffocant. La transpiration excessive était une épreuve à endurer. Il avait emporté un maximum de bouteilles d'eau. Le sac à dos s'était alourdi, mais au moins, comme ça, il était sûr de ne pas flancher en se déshydratant.

À un certain moment, il rencontra une rivière. Il goûta l'eau saumâtre et se dit que, dans le pire des cas, il pourrait retrouver sa source pour s'approvisionner. Il traversa le cours d'eau large d'une dizaine de mètres. Les courants chauds et froids se mélangeaient, l'eau tourbillonnait autour de lui et de minuscules poissons jaunes se faufilaient entre ses jambes. L'eau lui arrivait à la taille, ses pieds s'enfonçaient dans un sol vaseux. Il atteignit la rive opposée, se reposa quelques minutes en observant le paysage enchanteur et songea à un film de son adolescence, *Le Lagon bleu*. Il ne manquait plus que Brooke Shields ainsi que le blondinet, et on aurait pu tourner la suite, trente ans plus tard. Le paysage était toujours le même, seuls les acteurs avaient vieilli.

Au fait, Iris, quel est numéro de piste de The Blue Lagoon *?*

Paul laissa échapper un ricanement nerveux. Il inspecta le ciel : aucun drone en vue. Il se leva et se remit en route, longeant la rivière en aval. Son intuition se révéla juste : à un certain point, il découvrit l'hydroglisseur amarré à un ponton.

Une cabane en rondins semblable à celle de la plage s'élevait sur pilotis. Paul quitta le bord de l'eau, posa son sac et s'accroupit. Là aussi, il attendit caché au milieu des fougères. L'eau clapotait tranquillement sur les flancs de l'hydroglisseur à fond plat surmonté de son énorme hélice de poupe et de son siège surélevé. À moins de trois cents mètres, la rivière s'évasait et rencontrait la baie. Paul hésita : tout cela était-il bien réel ? Il éprouva soudain une immense lassitude. La réussite de son plan dépendait de la détermination avec laquelle il s'y engagerait. Il se sentait idiot de se cacher dans la forêt. En ce moment, il aurait dû boire un cocktail allongé sur sa chaise longue à côté d'Iris pendant que les enfants s'amusaient sur la plage. Ce n'est pas du tout ainsi qu'il avait envisagé ses vacances. Mais qui l'aurait pu ? Il devait forcément y avoir maldonne, tout cela était une vaste blague, une caméra était cachée quelque part, n'est-ce pas ?

Mais en dehors des caméras de vidéosurveillance installées sur la clôture, il ne voyait pas, non.

Paul sentit à nouveau poindre la douleur au milieu de sa poitrine, là où l'avait frappé Denise. Il serra les mâchoires, ferma les yeux. Il réprima des larmes de rage. Le cauchemar était la réalité. Et la seule issue était de lutter. La seule issue était de survivre.

Il approcha de la cahute, lorgna à l'intérieur par la vitre sale. Il contourna la réserve, manœuvra la clenche.

Des caisses ouvertes contenaient des pièces de rechange pour le bateau. Un moteur noir de crasse reposait sur deux traverses en bois. L'endroit sentait le cambouis et la graisse. Des outils et un vieux calendrier Total étaient accrochés au-dessus d'un établi. Paul s'empara du jeu de clés suspendu à un clou et ressortit du cabanon.

Toujours aux aguets, il remonta le ponton en bois et sauta dans le bateau. Les dents de la clé pénétrèrent le starter. Paul donna l'impulsion et un témoin rouge s'alluma sur le tableau de bord, près du levier destiné à manœuvrer l'hydroglisseur. Paul passa une main sur son front et s'aperçut qu'il tremblait.

Il revint à la remise, vérifia qu'il ne s'y trouvait pas un autre jeu de clés accroché quelque part. Ce faisant, il aperçut, rangé dans un coin, un fusil à harpon. Paul le soupesa, vérifia l'état de l'élastique. Le harpon était un peu émoussé, mais l'arme fonctionnait. Paul prit le fusil. Il se souvint du calendrier et l'enroula dans sa poche avant de sortir.

12

Dans la faille

Ils avançaient par ordre de grandeur : d'abord Hugo, ensuite Stan et puis Charlotte. Très vite, ils se retrouvèrent dans le noir complet. Hugo fut le premier à allumer sa lampe torche.

— N'oublie pas d'éclairer le sol, fit Charlotte dans son dos. Je me charge d'éclairer au-dessus de nos têtes.

— J'ai les chocottes, avoua Hugo qui hésitait à avancer.

— On a tous peur, répondit Stan. On est seuls, sous terre et dans le noir. Il n'y a pas vraiment pire comme situation…

— Nom d'une pipe, Stan, t'es champion pour motiver les troupes ! Allez, avancez maintenant !

À moins d'être féru de spéléologie, descendre dans un trou était le genre d'expérience plutôt angoissante pour un individu. Et ils avaient beau être des enfants, ils n'en percevaient pas moins une sorte d'évocation de l'inéluctable : le silence et l'obscurité comme allégorie de la mort.

Hugo haletait. L'anxiété n'arrangeait pas les fonctions respiratoires chez un jeune garçon en surpoids. Il faisait de son mieux pour avancer avec régularité.

T'es un chef, Hugo ! pensa Stan. Il aurait voulu le crier à voix haute, féliciter son copain, mais il jugea préférable de rester concentré. Stan portait le sac à dos contenant les vivres et les ponchos bricolés avec les couvertures. Il marchait derrière Hugo, les pouces accrochés aux lanières comme le faisait son papa. Alors qu'ils s'enfonçaient dans les ténèbres, Stan se dit que son père était la seule personne au monde qui savait plus ou moins où ils se trouvaient en ce moment. Hugo et Charlotte n'avaient même plus cette chance d'être encore importants pour quelqu'un. Le jeune homme se demanda s'ils y pensaient souvent, si leur condition leur pesait aussi lourd qu'il se l'imaginait. En tout cas, ils se montraient forts, affichaient une solide ironie malgré leur situation. Stan était fier d'être avec eux, de les avoir pour compagnons. Où qu'ils aillent, ils seraient trois.

Il en était convaincu.

Et il se trompait.

13

De l'autre côté

La combinaison en Néoprène frotta sur sa peau humide, arrachant des lambeaux de chair mal cicatrisée. Il tira sur la languette de la fermeture Éclair, dans son dos. Il chaussa les bottillons de caoutchouc, enfila les gants, attacha son sac sur les épaules. Masque et tuba sur son visage, il longea la barrière s'enfonçant dans l'eau et rejoignit le reef. Il se retrouva très vite encerclé par les polypes et leurs squelettes fragiles. Paul s'efforça de flotter plutôt que de nager, profitant des reflux de courant pour surfer sur les madrépores. Il redoutait que sa combinaison ne se déchire sur les arêtes tranchantes de ce que l'on considérait, à tort, comme des plantes alors que les coraux étaient catalogués comme espèce animale. Il ignorait lesquels pouvaient lui être fatals, ne souhaitait surtout pas être confronté au risque d'une blessure qu'il verrait s'infecter.

Manœuvrant avec légèreté et délicatesse – à l'opposé du sentiment d'oppression qui le taraudait –, Paul franchit peu à peu le récif, jusqu'à ce que l'eau devienne plus profonde et qu'il lui soit possible de rejoindre la rive dans un crawl libérateur.

De l'autre côté de la barrière.

Une fois à sec, il vérifia l'état de sa combinaison. Aucune trace de déchirure ni d'accroc. Il avait vu juste et il sourit, satisfait de sa trouvaille. Il resta assis quelques minutes dans le sable, n'ôta pas sa nouvelle peau, se contentant de dégager sa tête de la cagoule. Il rangea enfin masque et tuba dans le sac à dos et prit la direction de ce qu'il jugeait être un nord, nord-est. Il regarda derrière lui : pas de drone ni de poursuivant.

Il hâta le pas, la pointe de son fusil dépassait du sac à dos. Il avait hâte d'en finir, de trouver la solution à son problème : quitter ce lieu maléfique, retourner à sa vie – à leur vie – qui ne serait peut-être plus tout à fait la même par la suite, un détail au regard de ce qu'il endurait en ce moment même.

Il sentit un regain d'énergie envahir ses muscles. Agir avait toujours été pour lui le meilleur moyen d'évacuer l'anxiété, bien que, dans la situation présente, l'anxiété ait cédé la place à de l'angoisse et, pour finir, à de la peur.

Si quelqu'un l'avait vu s'éloigner ainsi, revêtu de caoutchouc synthétique, on aurait pu le confondre avec une bête mutante proche de l'Homme. Mais il n'y avait personne. Seulement le volcan et sa grandeur statuaire.

Garder la combinaison fut une prémonition à placer dans le top cinq des intuitions magistrales dont nous fait parfois cadeau cette part obscure de nous-mêmes. L'autre fut d'emporter ce fusil de chasse sous-marine.

Deux intuitions parmi les cinq de toute une vie.

Bravo, monsieur Jensen.

14

Descente

— L'enfer, c'est censé être chaud, non ? plaisanta Stan.

Sa voix résonna sous la voûte que leurs têtes frôlaient. Hugo émit un ricanement de hyène, à la lisière de l'hystérie.

— Très drôle, ajouta Charlotte. Bon, arrêtons-nous et mettons nos ponchos avant d'attraper la crève.

Hugo posa sa lampe torche dans un renfoncement de manière à éclairer le boyau sans les aveugler. Stanislas leur demanda de s'écarter pour qu'il puisse ôter son sac, les lanières commençaient à lui scier les épaules.

Chacun enfila son poncho et le noua à la taille avec une lanière également découpée dans la couverture. Ils se regardèrent ainsi accoutrés, ils ressemblaient à des gueux du Moyen Âge, et ils se mirent à rire. Le jeu reprit le dessus pendant un bref instant. Ils se passèrent rapidement une bouteille d'eau. Ils n'avaient pas vraiment soif, leur bouche était sèche. L'oxygène raréfié, la tension.

— Depuis combien de temps est-on partis ? demanda Hugo.

Charlotte consulta la pierre plate faisant office d'ardoise qu'elle tenait à la main, vérifia où en était la clepsydre :

— Un peu plus d'une heure.

— Déjà ? s'étonna Stan. On a dû parcourir à peine un kilomètre. On avance comme des tortues.

— Allez, on y va ! coupa Charlotte.

Hugo récupéra sa lampe et se remit en marche.

Les parois de roche suintaient une eau calcaire. Des

gouttes mouillaient leurs têtes, pluie indécise et tiède. La sensation d'étouffement augmentait avec l'humidité toujours plus élevée.

— Merde ! s'exclama soudain Hugo.

— Quoi ?

— J'ai mis les pieds dans une flaque !

— T'es censé éclairer le sol, nom d'une pipe ! fit Charlotte.

— Ouais, bon, j'ai pas...

— Alors, éclaire ce bon Dieu de sol, maintenant !

Le boyau s'évasait, l'eau devenait plus profonde.

— On fait quoi ? dit Hugo.

— On continue, décida Stan.

Il dépassa Hugo, non sans peine, coincé entre la paroi et le ventre proéminent de son camarade. L'eau lui arriva aux chevilles, puis aux mollets.

— Venez ! L'eau est chaude, c'est génial ! fit Stan.

Le tunnel évolua en grotte, formant une piscine intérieure d'environ dix mètres de diamètre. Stan s'arrêta une fois l'eau à mi-cuisses. De l'autre côté, le tunnel continuait, au sec.

— Merde ! fit Stan. Va falloir nager.

Nager... ager... géé... ééé...

L'écho répercuta ses paroles.

— Et alors ? On est devenus des pros grâce à Denise, non ? dit Charlotte à voix basse.

Ils rirent.

— On fait comment pour le sac ? intervint Hugo. Les sandwichs, les lampes de poche...

Poche... oche... che... eee...

— Moins fort, Hugo. Je crois que, sur cette distance, je peux y arriver en gardant un bras hors de l'eau, chuchota Stan.

— Ouais, c'est faisable. Malheureusement, sur ce coup-là, je ne te serai d'aucun secours, ajouta Charlotte en agitant son bras rachitique.

Secours... ecours... cours... our... our...

Une nouvelle fois, Stan fut impressionné par la force de

193

Charlotte, son humour face aux revers permanents imposés par son handicap. Il se pencha sur elle à l'improviste et lui posa un bisou sur la joue. Le « smack » retentit dans la grotte.

— Hé, c'est quoi, ça ?! fit Charlotte.

— Rien…

Rien… Ien… in…

Stan ôta son sac des épaules, histoire de se donner une contenance. Il avait rougi, mais, dans la pénombre, personne ne le saurait jamais à part lui.

— On… On y va tout habillés ? questionna Hugo.

— Ouais, c'est peut-être pas la meilleure idée, dit Charlotte.

Jusqu'à présent, ils n'avaient mouillé que leurs chaussures et le bas de leurs jambes nues.

— OK ! T'as raison.

Le trio revint en arrière pour se dévêtir.

— Mettez tout dans le sac, dit Stan. C'est pas bien lourd.

— Et les ponchos ? demanda Hugo.

— Va falloir y renoncer, décréta Charlotte.

Lorsqu'ils se retrouvèrent en slip, les enfants hésitèrent. Charlotte prit les devants :

— Les culottes mouillées, c'est le truc pour choper la diarrhée.

— Ça veut dire que… ? balbutia Stan.

— Qu'on enlève tout. Vous avez bien vu vos frangines à poil, non ?

Disant cela, Charlotte enleva sa culotte. Les garçons suivirent le mouvement. C'était plus délicat pour eux, ils possédaient ce petit tuyau dépourvu de poils qui les faisait se sentir vulnérables et tout penauds.

— Ben voilà, dit Charlotte. Allons-y !

Ils se jetèrent dans l'eau et nagèrent jusqu'à l'autre rive. Hugo aida Stan en récupérant son sac.

— Bravo, mec ! T'as réussi !

Ils attendirent d'être plus ou moins secs avant d'enfiler leurs shorts et maillots, et de s'engouffrer dans le nouveau tunnel. Celui-ci était large au point de pouvoir presque avancer l'un à côté de l'autre.

— Attendez ! fit Charlotte.

Les garçons s'immobilisèrent.

— Ce tunnel, on l'a creusé…

Tous les trois se regardèrent.

— J'ai la frousse, déclara Hugo.

— On n'a pas le choix, hein ? demanda Stan.

— Si on s'en sort, c'est moi qui te donnerai un bisou, répondit Charlotte.

15

Préhistoire

Paul rencontra d'abord quelques rochers isolés, puis le sable céda la place à de la roche volcanique. Les vagues s'écrasaient sur la digue naturelle, faisant exploser des gerbes d'écume. Sous la semelle de ses chaussons en gomme, il sentait les aspérités de la lave travaillée par le vent et l'eau. Des milliers de cratères creusés dans la pierre, allant de la taille d'une pièce de monnaie jusqu'à de véritables trous pouvant contenir le corps d'un homme. Cette partie de l'île était réellement sauvage, d'une beauté saisissante et farouche. Paul en aurait presque oublié ce qu'il était venu faire là. Il y avait l'air et le vent, l'horizon balayé par les embruns, la masse mouvante de l'océan qui se confondait avec le ciel, là-bas, aussi loin que portait le regard. Depuis son arrivée à Nomad First, Paul se sentit enfin libre. Faux. Cela remontait à bien plus loin, encore, à l'enfance quand il jouait dans les bois, quand il courait à en perdre haleine. Peut-être était-ce là une libération ? Se mesurer aux éléments, être confronté à leur rudesse, à leur magnificence. Sans doute était-ce pour cela qu'il s'était lancé à corps perdu dans le sport, non pas pour sublimer le sexe comme il l'avait cru, mais pour se retrouver face à soi-même, au défi de la souffrance physique, se mesurer à une distance, à un effort quantifiable dans l'espace et le temps. Il ne s'agissait plus de domestiquer la nature, mais de s'y adapter. Il se sentait libre, car il était conscient d'appartenir à un ensemble plus vaste.

Seulement voilà : perdu dans ses pensées, Paul Jensen avait écarté, dans l'idée même de nature, son versant purement animal.

Car l'homme n'est jamais seul.

Il avait d'abord confondu les masses sombres avec des excroissances de roche. Paul était concentré sur sa progression, ne pas se tordre la cheville ou tomber dans un puits. Mais à un certain moment, il comprit que les excroissances immobiles étaient des êtres vivants.

Il s'arrêta et les vit. Les plus gros devaient bien mesurer deux mètres.

Des varans.

Leur peau constituée de minuscules écailles avait pris la couleur dominante de leur biotope. Dragons monstrueux, ils sommeillaient au soleil et, Dieu merci, Paul se trouvait suffisamment près de la zone humide, éclaboussée par les vagues, pour qu'il ne leur prenne pas l'envie de venir faire connaissance avec l'intrus qui marchait sur deux pattes. À une centaine de mètres, un saurien se leva brusquement, coursa un cormoran à peine posé sur le sable et le manqua de peu. La vision de cette bête lui rappela les petits lézards qu'il chassait avec son pistolet à eau quand il était gamin. Il ne connaissait pas grand-chose au varan. *Sans doute ovipare. Ovipare et carnivore,* supposa-t-il ayant vu le varan tenter d'attraper le volatile. *Et si carnivore, possède des dents.* Cette pensée lui fit froid dans le dos.

Il reprit son chemin, se réjouissant que la combinaison atténue son odeur, qui devait sûrement leur être inconnue. En effet, il était peu probable que des êtres humains aient jamais rencontré ces reptiles géants. *Et les indigènes, Paul, tu en fais quoi ?* Un point pour le jury. Est-ce cela qu'Ulita nommait « le gibier » ? L'existence de la clôture se voyait justifiée. Les véritables résidents de l'île, c'étaient eux, les varans. Ils en étaient l'âme, les premiers habitants depuis la… Préhistoire ? Oui, au même titre que le crocodile ou la tortue. Paul savait cela, il savait que ces sauriens étaient les descendants directs de cette époque lointaine où l'homme n'en menait pas large, où la domestication du territoire était encore une parole inconnue au pays des grognements.

Paul se tint le plus éloigné possible des bêtes. Leur apparition avait brusquement interrompu le plaisir de la fugue. Elles le ramenaient au point central et essentiel de sa folle excursion : foutre le camp de l'île ! Paul accéléra son allure, risquant de se taillader la plante des pieds, tout plutôt que d'avoir affaire à un de ces monstres.

Tu en voulais de la nature, Paul Jensen ?

Eh bien, la voici. Dans son aspect le plus brut, le plus reptilien : un varan de près de soixante-dix kilos se dressa soudain face à lui, en équilibre sur sa queue, ses deux pattes crochues prêtes à le griffer.

– Nom de Dieu !

La gueule du varan s'ouvrit et claqua dans le vide. Paul tomba à la renverse, recula sur ses fesses, s'éloignant de la bête qui le guettait. Sa langue bifide entrait et sortait de sa gueule comme si elle cherchait à déterminer l'entité de la menace qui lui faisait face. Ce qui avait sauvé Paul d'une nouvelle attaque était que la femelle couvait ses œufs – il avait entraperçu une vingtaine de grosses boules blanches sous son ventre – et n'aurait quitté son trou qu'en cas d'extrême nécessité.

Paul voulut contourner le monstre lorsqu'un congénère surgit d'entre les roches. L'animal s'approcha lentement, aux aguets, sa langue fourchue s'agitant sans relâche. Paul saisit à tâtons la pointe du fusil harpon qui dépassait du sac à dos. Ce faisant, il réalisa que sa combinaison était déchirée au niveau du coude et qu'il saignait. Était-ce l'odeur du sang qui attirait l'animal ? La simple curiosité ? La menace que lui-même représentait ?

Le varan continuait d'approcher, posément, avec constance, et le souvenir de l'article lu dans un « gratuit » – sans doute lors d'un trajet en train l'emmenant à Zürich – illumina la mémoire de Paul. Le titre disait : « Touriste suisse dévoré par un varan ». La suite de l'article mentionnait que seules ses jumelles et ses lunettes avaient été retrouvées. Au fond, Paul ne serait que le deuxième citoyen helvète bouffé par cette saloperie. *Le varan aime le Suisse, c'est bien connu,* ah ! ah ! Son rire intimida l'animal qui se figea. *Je deviens dingue,* pensa Paul. Le sang gouttait de son coude. Il ne ressentait aucune douleur, pourtant ce putain de sang s'échappait de son bras, comme s'il avait besoin d'un problème supplémentaire, comme si tout cela, tout ce qu'il lui arrivait depuis une semaine – l'équivalent d'une éternité à Nomad First – ne suffisait pas. Paul cala la crosse du fusil contre son sternum, arma la flèche en tirant des deux mains sur le sandow.

Le saurien accéléra subitement, Paul déverrouilla la sécurité. Le harpon pénétra le cou de la bête, le traversant de part en part. Le varan bascula sur lui-même, cherchant à se libérer de la douleur et du harpon. Paul dut lâcher son fusil pour ne pas se laisser déséquilibrer. L'animal finit par rouler sur le flanc, sa gueule ouverte laissant échapper un souffle rauque mêlé au gargouillement du sang dans sa gorge. Il posa sa tête au sol en signe de reddition, crachant du sang, jusqu'à ce que ses paupières se ferment et qu'il ne soit plus qu'un tas de viande morte.

Paul attendit, récupéra son arme, tira sur le fil en nylon afin de dégager sa flèche, oubliant que l'ardillon près de la pointe s'était désamorcé afin que – en temps normal, on pêche du simple *poisson*, bordel de merde ! – la proie ne s'échappe pas en remuant. Paul répugnait à s'approcher de l'animal, mais pas question de se séparer de son fusil.

Il tira encore sur le fil. Le varan ne réagissait pas. Paul contourna l'animal, se méfiant d'une ruse quelconque, mais non, rien, il était bel et bien mort. Il dut s'y prendre à plusieurs reprises pour parvenir à dégager le harpon. Le sang de son coude se mêla à celui de la bête, ils possédaient le même rouge carmin, vif, brillant, presque satiné. Paul posa sa main à plat sur le ventre du reptile. Il n'aurait pas imaginé son cuir si doux. Il ferma les yeux. Les vagues continuaient à se fracasser sur la roche, mouillant son visage, piquant ses joues brûlées par le soleil. Cette mort était un malentendu, cet affrontement était la conséquence d'une méprise qui durait depuis des millions d'années.

Paul rouvrit les yeux, glissa ses doigts dans la plaie de l'animal. Au fond, il connaissait bien cette bête, maintenant il le savait, il n'avait aucun doute sur le fait que la veille, quand il avait dîné avec sa famille, ils avaient mangé du varan.

16

Ventilation

C'est à peine s'ils osaient respirer, comme si leur souffle pouvait révéler leur présence. Ils ne purent toutefois s'empêcher de demander, en chuchotant, où ils se trouvaient, qu'est-ce que c'était que cette galerie et où elle menait. Ils étaient des enfants, d'accord, mais n'importe qui aurait été décontenancé de se retrouver dans un tel endroit aménagé au cœur d'un volcan.

Puis, contre toute attente, le couloir prit fin.

— C'est quoi ce truc ?! fit Hugo.

— Tôt ou tard, fallait bien que ça arrive, fit Charlotte à voix basse.

— Attendez, on ne creuse pas un tunnel pour rien, non ? dit Stan en promenant sa lampe autour de lui. Là ! cria-t-il.

Le faisceau éclairait les pales d'un gros conduit d'aération situé au-dessus d'eux.

— Ceux qui se trouvent là au fond ont besoin d'air !

À ce moment précis, comme pour confirmer ses paroles, on entendit un déclic et les pales se mirent en marche. Un bruit métallique et feutré qui rappelait celui d'un trancheur de cuisine.

— Fin du voyage au centre de la Terre, dit Charlotte.

— Je ne suis pas mécontent de retourner à la surface, ajouta Hugo avec soulagement.

Stan fixait le ventilateur. Charlotte le regardait et Charlotte comprit :

– Pas question ! dit-elle.

– De quoi ? questionna Hugo.

– Stan veut aller là-dedans. N'est-ce pas, Stan ?

Il les regarda tous deux, les yeux presque rêveurs, un sourire en coin.

– Oui.

– Seigneur ! soupira Hugo.

– Ah, ouais ? T'es catholique ? demanda Charlotte.

– Un peu, disons.

– Quand ça t'arrange ?

– Quand j'ai peur.

– C'est bon, vous deux ? les interrompit Stan.

Il avait déjà enroulé son poncho et rangé son canif dans la poche arrière de son short.

– Position « noix de coco », allez Hugo !

– Et merde.

Hugo s'accroupit, attendit que Stan soit bien calé sur ses épaules avant de se redresser. C'était la tactique baptisée « noix de coco » quand ils en repéraient dans des palmiers nains.

– Et maintenant ? s'enquit Charlotte.

Stan déplia son canif, choisit la fonction « tournevis » et s'attaqua à la grille.

– Je viens d'un pays, fit Stan, où ce couteau est le roi du barbecue !

Hugo se mit à rire, secouant Stan au-dessus de lui. Charlotte ne réussissait pas à se dérider.

– Ces trucs vont te couper la main !

– Continue de m'éclairer, s'il te plaît, j'y suis presque. Attention !

Stan lâcha la grille qui rebondit sur la roche dans un fracas assourdissant. Il enfila le morceau de couverture plié comme un boudin dans le ventilateur, immobilisant les pales.

– C'est trop épais pour qu'elles puissent couper le tissu, tu comprends ?

– Je comprends, dit Hugo, mais tu commences à sacrément peser, Stan, gringalet ou pas.

Stan sauta à terre.

– En tout cas, si quelqu'un devait nous entendre, c'est fait, dit Charlotte de mauvaise humeur.

– Te bile pas, Charlie ! fit Stan.

Hugo se releva en se massant les reins :

– Tu crois que tu peux te faufiler là-dedans ?

– Sans problème. Il me faut un poncho, ma lampe et je fonce.

– Si dans une heure tu n'es pas de retour, je viens te chercher, dit Charlotte.

– Si j'ai bien compris, celui qui poireaute, c'est moi ?

– On va commencer par poireauter à deux.

– Et si toi non plus tu ne reviens pas ?

– Tu retournes à l'Éden et tu lances des fusées de détresse.

– Très drôle.

– Assez parlé, fit Stan en baissant le ton. J'y vais…

– Attends ! fit Hugo, et il sortit de sa poche un des cailloux faisant office de craie.

– Ça peut toujours servir…

– Bien vu, Hugo !

Ils frappèrent chacun dans la paume de leurs mains ouvertes. Hugo et Charlotte lui souhaitèrent bonne chance.

– Hé, c'est juste un au revoir de pas longtemps, d'accord ?

– Allez, « noix de coco » ! ordonna Charlotte à Hugo.

Stan grimpa sur les épaules de son ami, se faufila entre les pales du ventilateur et disparut dans la gaine d'aération.

Un peu comme on suivrait une destinée, une ligne de vie.

Ce qui, fondamentalement, était le cas.

17

Bain de soleil

Sur la véranda, Iris et Lou buvaient des jus de fruits en compagnie de Mike.

— Tout va comme vous le souhaitez, les filles ?

Iris releva ses lunettes noires en forme de papillon, à la fois surprise et flattée par cette soudaine familiarité.

— Bien sûr, Mike. Tout est parfait. N'est-ce pas, Lou ?

Lou acquiesça. Son corps recouvert d'huile de coco luisait sous soleil. Difficile de départager la fille de la mère pour savoir laquelle des deux était la plus bronzée. Lou cambra légèrement son dos sur la chaise longue, mettant ainsi sa poitrine en valeur.

— Mais il semblerait que tous ne partagent pas votre point de vue, reprit Mike indifférent au manège de l'adolescente.

Iris prit une cigarette sur la table basse.

— Vous avez du feu ?

Mike gratta une allumette, approcha sa main en creux près de la bouche d'Iris. La cigarette s'enflamma et Iris laissa s'échapper un nuage de fumée qui ressemblait à un présage :

— Ils reviendront, je vous le promets.

— Si vous avez besoin de quoi que ce soit, n'hésitez pas.

— Merci d'être passé, Mike.

Sur le point de quitter la véranda, Mike se tourna :

— Nous comptons sur vous, Iris.

Lou réprima un cri, une main sur la bouche. Elle avait

cru voir les yeux de Mike devenir complètement noirs dans leurs orbites.

Le jeune homme leur sourit et tout redevint aussi parfait et limpide que le bleu du ciel.

18

Progression

Paul marcha au plus près de l'eau, éloigné des reptiles, attentif à ne plus se laisser surprendre. Il suivit la coulée de lave solidifiée jusqu'à quitter le territoire des varans.

Une fois en sécurité, il ôta sa combinaison, nettoya la plaie sur son coude avec de l'eau de mer. Il réussit à stopper la petite hémorragie avec un des gants en caoutchouc. Il entama l'ascension du volcan en suivant un chemin naturel dessiné par les coulées de lave. Son idée était de monter suffisamment haut, puis de contourner le massif, sans avoir à passer par le sommet.

Paul avait oublié son bandana et son crâne cuisait sous le soleil. Il termina sa deuxième bouteille d'eau. Des mirages de chaleur s'élevaient sur la terre noire. Il progressait lentement. La roche, coupante et abrasive, dessinait des dénivelés constants qui, parfois, l'engloutissaient tout entier dans un creux pour le faire réapparaître plus loin, au sommet d'un monticule, comme une série de vagues immobiles.

Mais il avançait, entêté. Et c'était l'essentiel. Il se félicitait de son excellente condition physique. Il était parti en guerre dans un combat motivé par l'amour des siens. Pour la première fois de sa vie, il agissait de façon absolue et essentielle : était-ce cela devenir un homme ?

Bientôt, il se retrouva avec le soleil dans le dos. Son ombre s'étirait devant lui. Il était encore constitué de chair et de sang, son corps existait, il avait sa place dans un système d'étoiles, d'espace et de planètes apparemment infini. Il était l'infime, mais si petit fût-il, il était capable de projeter son ombre devant lui.

Il gênait le soleil.

Grain de sable dans le rouage.

Émergeant d'une profonde cavité, il atteignit enfin le point de vue qu'il recherchait.

Bientôt, il verrait ce qui se cachait derrière la montagne. Comme un de ses ancêtres avait dû décider de le faire un jour, il y a de cela très longtemps.

19

Découverte

Stan avançait en faisant glisser la partie antérieure de son corps sur le poncho. Ses semelles avaient bonne prise, ce qui facilitait sa reptation.

Sa gorge le piquait, ses avant-bras étaient endoloris, mais, il ne renonçait pas. Il avait trouvé sa cadence, se concentrait sur sa respiration. Se plaindre était inutile. Dans sa main, le faisceau de lumière de la lampe torche zébrait le tunnel sans pour autant réussir à en éclairer le fond noir.

À un certain point, l'hypothèse de Hugo se confirma : le conduit se divisait en deux parties. Stan inscrivit une flèche dans le sens contraire, indiquant le chemin à suivre pour le retour, et s'engagea dans la gaine de gauche.

Il rampa encore une bonne vingtaine de mètres quand il entendit des bruits de voix. Son corps se glaça. Pétrifié, il attendit que les voix disparaissent. Il regarda devant lui, ne vit rien. Il éteignit sa lampe et comprit lorsqu'il baissa la tête et souleva légèrement son corps. Sous l'éclairage de la lampe, il n'avait pas remarqué une petite grille rectangulaire à travers laquelle filtrait de la lumière. Il recula jusqu'à ce que son visage arrive au niveau de l'ouverture. En réalité, la gaine courait maintenant au-dessus d'un couloir éclairé au néon qui ressemblait à celui d'un hôpital.

Stan entendit à nouveau des voix, colla son visage à la grille. Un homme en blouse verte, calot de chirurgien sur le crâne, avançait d'un pas rapide. Une femme en blouse d'infirmière marchait à côté de lui.

– Je passe en salle de désinfection. Vous me l'envoyez dans cinq minutes, OK ?

– Bloc 2, je confirme.

Ils sortirent de son champ de vision. Leur conversation mourut dès qu'ils franchirent ce qui semblait être une porte à double battant, Stan ne distinguait pas bien.

Peu après, la même infirmière poussant un lit à roulettes passa sous lui. Malgré le masque à oxygène, Stan reconnut Denise qui gisait inanimée, une intraveineuse dans chaque bras, goutte-à-goutte et poche de sang fixés à l'armature du lit.

Stan posa son front sur le métal froid du conduit d'aération, ferma les yeux un instant. Lorsqu'il s'était engagé dans la faille avec Charlotte et Hugo, il cherchait une issue menant de l'autre côté du volcan, non pas les couloirs d'un hôpital souterrain.

Il entendit des bruits de pas, doublés d'un grincement régulier. Il ouvrit les yeux et aperçut le dos d'une infirmière poussant une chaise roulante. Elle cala la chaise un peu plus loin et disparut derrière une porte latérale. Stan rampa jusqu'à la grille suivante, surplombant ainsi la chaise et son occupant. Il cessa de respirer pendant quelques secondes : une fille, les cheveux rasés, se tenait avachie sur son siège. Sa main gauche était parcourue de tics nerveux, ses dents grinçaient. Elle était vêtue d'une camisole ample qui s'arrêtait à mi-cuisses sur des jambes blanches constellées de taches de rousseur. Ses pieds nus frottaient le cale-pied de la chaise sans discontinuer.

– Hé, toi ! Pssst, hé !

Stan l'appela encore. La fille se redressa lentement, au prix de ce qui semblait lui coûter un effort considérable. Stan insista. Lui-même ignorait pour quelle raison il prenait autant de risques. Mais cette pauvre fille n'était pas des leurs, oh non !

– En haut ! Je suis dans le conduit ! En haut ! Là !

Le chuchotement se transforma en supplique. La fille leva

la tête vers lui. Stan éclaira son visage avec la lampe torche, espérant qu'elle puisse le distinguer à travers la petite grille, puis orienta le faisceau dans sa direction.

– Je suis là ! Dans le conduit !

Stan croisa son regard vide, découvrit les cicatrices roses et vives sur le cuir chevelu. La fille poussa un cri qui lui donna la chair de poule. Il voulut fuir, mais le retour de l'infirmière l'en empêcha : il craignait qu'elle ne remarque sa présence. Stan faillit pisser dans son short quand il la reconnut :

– Alors quoi, Jenny, on fait son intéress… Petite salope ! Salope ! Tu l'as fait exprès, hein ?

Vera gifla Jenny. Son pied décrocha le frein de la chaise et d'un mouvement brusque la poussa devant elle. Jenny se mordit la main pour ne pas crier.

– Tu le veux, c'est ça ? Eh bien, tu l'auras ton bain glacé, sale truie !

Là où se trouvait la chaise, Stanislas devina une large flaque d'urine. Il avait la bouche sèche.

Tellement sèche, putain.

Il fit demi-tour et rampa comme un forcené.

20

Derrière la montagne

Le panorama révélait une plaine fertile qui s'étendait depuis le pied du volcan jusqu'à la mer. On y découvrait des champs cultivés, de la vigne, du bétail qui paissait, une large rivière et des habitations disséminées comme autant de fermes. Sur la berge, près d'une série de cabanes, des bateaux de pêche reposaient sur le sable. Paul ne distingua aucun aéroport, aucune infrastructure pouvant accueillir un cargo et sa marchandise en containers.

Et au milieu de tout cela, dans cette sorte de pastorale baignée de lumière, des silhouettes s'affairaient comme autant de minuscules points noirs, mobiles dans leur labeur, une fourmilière silencieuse, organisée, efficace. Un réseau d'occupations où se dessinaient les géométries d'une rigoureuse logistique. Division du travail, optimisation du rendement.

L'Île est autonome, pensa Paul.

Il baissa la tête dans un mouvement de résignation. Sa conclusion ne trouvait aucune sortie de secours.

L'idée folle, absurde, lui vint que Nomad First n'était même pas cartographiée, que tout ce qu'il vivait était dicté par l'illusion, qu'il *était* dans l'illusion. Que ce lieu, les jours passés dans ce lieu, étaient une parenthèse dans la réalité. Une sorte de quatrième dimension, la resucée d'un temps immémorial qui aurait toujours existé parallèlement au leur, comme influencé par lui.

Voyant les petits bonshommes noirs se détacher du panorama, il pensa au tableau accroché dans leur living.

Ce sont eux.

Tout lui revenait, à présent. Il se souvint de son retour à la maison après le travail, Iris l'avait accueilli avec chaleur et exaltation. Elle portait cette robe rouge et légère qui épousait ses formes, exaltait sa féminité. Elle avait préparé une citronnade, il s'était détendu, avait défait sa cravate et posé sa mallette au pied du divan. Ils n'avaient pas fait l'amour, non, pas encore, elle était encore psychiquement fragile, mais elle l'avait laissé lui caresser les cuisses, les seins. Iris avait proposé cette idée d'un voyage, lui avait parlé de l'annonce sur Internet, l'offre proposant d'oublier tout ce qu'ils savaient des vacances afin qu'ils goûtent au *Paradis*. Iris avait mis sa langue dans sa bouche et sa langue était remontée jusqu'à son oreille, susurrant les mots pour le convaincre. Mais ce fut lorsque la langue descendit sur son sexe et que sa bouche l'engloutit qu'il avait cédé.

Le Paradis.

Et maintenant, ils n'en réchapperaient plus.

Ils appartenaient à l'Île.

Ils avaient été choisis.

Des *Résidents*.

JOUR 6

1

Témoignages

La main de Stanislas le secoua énergiquement. Paul ouvrit les yeux, se redressa aussitôt, oubliant la blessure à son coude. Il grimaça, frotta son bras endolori. Son sommeil avait été si profond qu'il ne comprit pas tout de suite où il se trouvait avant de voir les enfants. L'expression sur leur visage disait qu'ils avaient passé une sale nuit. Paul embrassa son fils. Les deux autres gosses avaient aussi besoin de réconfort, et il fit ce qu'aurait fait n'importe quel adulte bien intentionné. Il écarta gentiment Stan, et se mit en devoir de rassurer Charlotte et Hugo. Les enfants étaient réticents, ils avaient remarqué sa blessure, ses traits tirés, sa barbe noire et sale, le sang séché sur ses mains, soldat fou d'une guerre absurde.

Afin de ne pas ajouter à leur inquiétude, Paul ne leur raconta pas l'épisode des varans ni son affrontement sanglant avec Denise. Il justifia sa blessure par une chute dans les rochers, leur dit ce qu'il avait vu derrière la montagne : des gens d'apparence paisible cultivant la terre, pêchant leur poisson, élevant leur bétail. Pas de port ni de bateaux, pas la moindre piste d'atterrissage pour de petits avions-cargos, rien.

— On est donc seuls, c'est ça ? conclut Charlotte. Coupés du monde ?

Paul acquiesça.

— Mais comment ont-ils pu... Je veux dire, tout ce qu'ils ont *fait* ? Ils... Ils l'ont fait *tout seuls* ? demanda Stan presque en criant.

– Je crois qu'il ne faut plus essayer de raisonner en termes de logique, fit Paul. Inutile de vouloir remonter l'écheveau. Comme toute chose, il suffit de se dire qu'il y a eu un début et que ce début s'est amplifié, élaboré, développé. Pour le reste, il faut renoncer à vouloir expliquer ce qui nous échappe...

– Sauf l'idée de s'échapper, nuança Charlotte.

Paul sourit à son jeu de mots. Il laissa le silence s'installer comme un intermède et puis, doucement, leur demanda enfin ce qu'ils avaient découvert.

Charlotte entama le récit : leur descente dans la faille, l'arrivée dans la grotte remplie d'eau, le tunnel creusé dans la roche qui les avait menés au conduit d'aération. Puis ce fut au tour de Stan, qui raconta la traversée dans la gaine d'aération et la découverte de l'hôpital souterrain. Denise sous perfusion qu'on transportait au bloc opératoire, Vera poussant Jenny sur une chaise roulante...

Stan termina son récit. Les enfants étaient impatients.

– Qu'est-ce qu'on fait, maintenant ? demanda Hugo, la voix crispée.

– On veut partir d'ici, monsieur. C'est tout ce qui compte ! ajouta Charlotte.

Paul réfléchit, puis :

– Charlotte, Hugo, est-ce que vous savez avec précision quel jour nous sommes ?

– Vous voulez dire, le jour *exact*, date comprise ? demanda Hugo.

– On a une sorte de tablette où sont cochés les jours. Je peux aller la chercher si vous voulez ? dit Charlotte.

– J'y compte bien, fit Paul en souriant.

Il sortit un rouleau de papier du sac à dos et le donna aux enfants.

– Un calendrier perpétuel ! fit Stan.

Hugo et Charlotte se jetèrent dessus comme s'ils avaient découvert la kryptonite de Superman.

— À mon avis, les chiffres entourés au stylo correspondent à la venue de l'hydravion, fit calmement Paul.

— Où avez-vous trouvé ça, monsieur ? Il n'y a aucune notion de temps possible au Resort, s'empressa d'ajouter Charlotte.

— Au même endroit que celui où j'ai trouvé ceci, dit Paul en leur montrant les clés de l'hydroglisseur.

2

Calendrier

À l'aide de la tablette, Charlotte effectua un premier calcul, obtint un résultat confirmé peu après par Hugo. Les deux se tournèrent vers Paul, un peu déçus :

— L'avion devrait arriver dans les dix jours, conclurent-ils.

— Vous pouvez être plus précis ? demanda Paul.

— On a quelques « ratés » sur la tablette, c'est une estimation.

Paul réfléchit :

— Vous avez de quoi tenir avec la nourriture ?

— Ben, c'est que… balbutia Hugo.

— Oui, papa, fit Stan. On a des fruits et de l'eau en abondance. On pourrait même tenir des mois.

— T'exagères ! le contredit Hugo.

Le trio se mit à rire, Paul trouva cela de bon augure. Il profita de cet apaisement pour les renseigner sur ses intentions. Les enfants furent partagés entre la crainte de perdre l'unique personne capable de les sauver et la compréhension de sa motivation. Charlotte tenta tout de même cette hypothèse :

— Et si on fuyait tous les quatre pour revenir avec des secours ?

— Je ne peux pas, Charlotte.

— On fera quoi si… si vous vous faites prendre ?

Elle se retenait de pleurer. Paul comprenait son inquiétude, mais il ne transigerait pas pour autant :

– Ce serait les abandonner, tu comprends ? C'est ça ou rien, Charlotte, je suis désolé.

La jeune fille essuya ses larmes, se sentit honteuse.

– Pardonnez-moi, monsieur. On attendra. On fera comme vous le dites, vous pouvez compter sur nous.

3

Source

Après avoir quitté les enfants, Paul redescendit en direction du Resort. Il avait emporté avec lui le strict nécessaire : de l'eau, quelques fruits et son fusil à harpon.

Il tomba par hasard sur la source qui jaillissait de la montagne, laquelle s'épanouissait en rivière plus bas, là où était amarré l'hydroglisseur. Il se déshabilla et se lava dans l'eau claire. Il remplit ses bouteilles d'eau fraîche avant de se sécher au soleil. Il mangea les derniers biscuits secs qu'il trouva au fond du sac, le regard perdu dans le vague. Peut-être était-il déjà trop tard pour Iris et Lou ? Quel avenir leur réservait-on ? En vérité, son plan d'évasion était totalement aléatoire. Le seul objectif établi était de s'emparer de l'avion, le reste demeurait absolument hypothétique. À commencer par la façon d'y parvenir. Il agirait au coup par coup, mais avant ça, bien avant ça, il devait récupérer sa femme et sa fille. Et pour cela, il lui fallait attendre la nuit.

— Paul ?! Paul, enfin !

Paul saisit le fusil et se retourna, prêt à tirer. Christelle vit la flèche pointée sur elle, s'immobilisa. Elle était vêtue comme pour un trekking, ses grosses chaussures de marche accentuant, par contraste, ses jambes élancées. Ventre plat sous le tee-shirt imitant les motifs d'un treillis militaire. Paul la trouva absolument magnifique.

Iris ? C'est toi, Iris ?

Magnifique et vénéneuse.

— Foutez le camp ! fit Paul.

— Baissez votre arme, vous allez faire une connerie.

— Qu'est-ce que vous voulez ?

— Denise a donné l'alerte. Ils vous cherchent.

— Comment se fait-il que vous m'ayez trouvé avant eux ?

— Moi aussi, je veux quitter cet endroit. Je fais semblant depuis trop longtemps. Paul, je suis avec vous, nom d'un chien ! Emmenez-moi, je vous en prie.

Il relâcha son bras qui retomba le long de son corps et la laissa s'approcher. Christelle arriva à sa hauteur, se lova contre lui. « Paul, Paul, je suis là, je suis venue pour vous aider. » Le ciel tournait autour de lui, il était le centre de l'univers. Elle lui répétait des mots rassurants, des mots dont il avait besoin. Au fond, c'était cela qui lui avait tant manqué, la tendresse. Et Christelle le savait, Christelle était l'accomplissement d'un animal doué de poésie.

Paul ouvrit les yeux, elle était toujours accrochée à lui, rayonnante et fraîche, comme si elle n'avait pas marché toutes ces heures pour le retrouver, les seins palpitant contre son torse nu.

Paul se dégagea de son étreinte. Y avait-il encore un temps pour la culpabilité ? Les règles usuelles de morale étaient-elles encore valables ? Paul ne savait plus rien, Paul était perdu et – paradoxalement, mais sans pouvoir l'exprimer – il ne s'était jamais senti aussi libre que durant ces heures où sa vie et celle de ses proches étaient menacées.

Il ramassa le reste de ses vêtements, s'habilla en vitesse.

— Christelle, je dois parler à ma femme.

— C'est inutile, Paul. Elle est à eux, maintenant.

— Je n'y crois pas. Il n'y a pas d'envoûtement, tout ça c'est des conneries ! Et puis, il y a Lou...

— Votre fille est au Club. Elle est avec les jeunes. Vous ne la sortirez pas de là tout seul.

— Dans ce cas, vous allez m'aider.

Il ramassa son sac, passa ses bras entre les lanières. Son

fusil harpon était posé dans l'herbe, à portée de main. Il se passa alors une chose étrange : Christelle glissa sur les galets humides et tomba sur la roche bordant la rivière. Paul s'avança pour l'aider à se relever.

– Ça va ? Soyez prudente, ce n'est pas le moment de vous blesser.

– C'est bon, ne vous inquiétez pas.

– On ne peut rien se permettre, vous comprenez ?

– C'est bon, je vous dis. J'ai survécu ici bien avant vous, ne l'oubliez pas.

Paul n'insista pas et lâcha son bras. Christelle s'accroupit pour rincer dans l'eau sa main égratignée. Un instant, son regard se perdit sur sa nuque, là où elle avait remonté ses cheveux pour se rafraîchir. Christelle se redressa, remit en place le pendentif sous son décolleté.

Un petit éléphant en ivoire.

Christelle portait les habits de sa femme.

Le bijou de sa femme.

Il se précipita sur son fusil et appuya sur la détente au moment où Christelle se jetait sur lui. La flèche transperça son abdomen et ressortit dans le dos. Elle s'agrippa à Paul, jusqu'à ce qu'elle cède et tombe à genoux.

– Salopard, balbutia-t-elle. Tu m'as... Tu m'as bousillé le ventre...

Paul tira un coup sec sur la chaînette.

– Cela m'appartient, dit-il.

Le pendentif lui brûlait la main.

Christelle releva son visage tordu par la douleur. Elle s'efforça pourtant de sourire :

– Iris... me l'a donné.

Christelle tomba sur le flanc. Elle laissa échapper un pet visqueux. Paul recula. L'odeur du sang mêlée à celle de ses intestins qui se vidaient était immonde. Paul vomit les biscuits secs. Ce fut bref. Il n'avait rien d'autre dans l'estomac de toute façon. Il s'essuya la bouche, entendit un bourdonnement et regarda autour de lui. L'objectif d'un drone le fixait suspendu dans les airs. Paul prit une pierre, la lança vers l'engin qu'il manqua avant de s'élancer dans la forêt, là où le drone ne pouvait le suivre.

Il s'enfonça plus profondément dans la végétation, se déplaçant aussi rapidement qu'il le put. Il remonta de plusieurs centaines de mètres le flanc du volcan, égarant le drone qui patrouillait au-dessus des arbres.

À bout de forces, il trouva à se cacher dans une grotte creusée dans la roche noire. Il avait soif, surtout, mais ne pourrait se procurer de vivres qu'à la nuit tombée.

Il profita du moment de répit pour se reposer. Il repassa ensuite l'ensemble des vérifications et des procédures nécessaires avant le décollage. Il rit de dépit face à l'incongruité de la situation : il s'agissait de s'emparer d'un avion dans un laps de temps limité et de le faire décoller après dix ans d'absence de pratique. OK, d'accord, il avait joué un tas de fois avec Stan sur un simulateur de vol et même son fils était capable de faire décoller un Boeing 767, mais là il était question de la vraie vie, de la réalité.

Ah, oui, vraiment, Paul ? Pourrais-tu le jurer absolument ?
La vraie vie, Paul.

4

Confrontation

Iris arpentait le bungalow, un verre à la main, mélange d'alcool de canne et de jus d'ananas. Frais, sucré : bien plus efficace qu'un anxiolytique. Ses joues se creusaient chaque fois qu'elle tirait sur la paille en bambou. Elle sortit sur la terrasse, posa le verre en équilibre sur la balustrade et alluma une mentholée du paquet brun.

Iris fixa l'horizon sous la pleine lune, la mer paresseuse qui léchait la plage. La sono à l'intérieur jouait *Cinema Paradiso*, piste 18. Paul et Stan avaient disparu, leur absence ne signifiait rien d'autre qu'un simple contretemps. Lou s'apprêtait à devenir une femme et à prendre le contrôle de sa propre vie. Iris accomplissait son devoir et le temps à venir lui serait entièrement dévoué.

Elle respirait comme si l'air était neuf, mais quelque chose remua dans les buissons au-dessous d'elle, venant perturber ce moment de plénitude.

Paul sortit des fourrés, Iris posa sur lui un regard à peine surpris :

— Comme ça, tu es revenu ?

— Iris, c'est toi ?

— Bien sûr que c'est moi. Qu'est-ce que tu veux ?

Paul hésita, prudent. Il scruta les alentours, s'assura que tout était désert. Mais comment savoir ? Comment savoir qu'ils seraient seuls pour de bon, rien que les deux, eux et leur union en bout de course, désormais envisagée sans amitié, sans complicité véritable.

Paul posa un pied sur la première marche, la maison ne donnait aucun signe de rejet. Il se pencha un peu plus vers son passé comme on imaginerait le vertige de sa propre chute depuis le haut d'un gratte-ciel. Se pouvait-il qu'ils se soient trompé à ce point ? Qu'ils soient passés si loin d'eux-mêmes tout en se côtoyant chaque jour, vieillissant l'un avec l'autre ? L'intime n'avait-il été que promiscuité, frottement et agencement des corps dans une géographie socialement établie ?

Paul atteignit la véranda. Iris tendit le bras, main ouverte. Paul s'arrêta. Il connaissait les gestes de sa femme, son corps en avait toujours dit beaucoup plus que ses paroles. Son corps exprimait un tas de choses silencieuses qui s'accumulaient et le faisaient souffrir. Le pendentif avait disparu de son cou. Mais qu'en était-il de sa mémoire ?

— Je t'ai rapporté ça, dit Paul en lui montrant le bijou.

— Tu es venu pour quoi ? Pour me dire que tu regrettes ?

— On va s'en aller, Iris. Je vais récupérer Lou. Stan est déjà en sécurité. On quitte cet endroit de malheur.

— Je suis là où je dois être, Paul. Contrairement à toi, j'assume ce que je suis, ce que je veux. Je ne vois pas où je pourrais être mieux qu'ici.

Paul s'avança encore. Son visage s'était émacié, il avait maigri. Sa barbe avait encore poussé, l'after-shave n'était plus qu'une vague réminiscence. D'une certaine manière, son air farouche lui rendait une sorte de dignité. Il aurait donné beaucoup afin de pouvoir s'asseoir près de sa femme, fermer les yeux et écouter le bruit de la mer en lui tenant la main. Il aurait donné beaucoup, mais pas au point de lui céder sa liberté ou – tout du moins – le peu qu'il lui en restait.

— N'approche pas ! lui intima-t-elle.

— Réveille-toi, Iris. Je t'en prie. On peut encore faire marche arrière, tenter de se regarder, tu comprends ?

Paul posa le pendentif à ses pieds. Iris croisa ses bras,

comme si sa réponse était fondamentale, comme si tout ce qu'elle avait fait jusque-là était destiné à converger vers cet instant unique.

— J'ai tout oublié, Paul. Je suis nouvelle. Le passé est aboli.

— Tout à l'heure, Iris. Je t'attendrai sur la plage. Il te suffit de marcher. Tu me trouveras avec les enfants.

— Il est trop tard. Nous sommes partie de ce monde. Il n'y en a pas d'autre.

— Ce que j'ai pu faire, je peux le défaire et puis le refaire autrement.

— Tu veux que je renonce à tout cela pour te suivre ? Monter dans cet avion que tu n'es même pas sûr de savoir piloter ?

— Tu l'as toujours su, n'est-ce pas ? Tu as toujours su que ça finirait comme ça ?

Cette fois, elle l'avait laissé s'approcher suffisamment pour qu'il puisse la toucher. Il se pressa contre elle, fermant les yeux, respirant l'odeur de ses cheveux. Iris frissonna, elle reconnut ses bras, son torse, ses mains. Pendant un instant, elle eut l'impression que tout était encore intact. Elle se souvenait de lui avec son casque de pilote sur les oreilles, le bruit assourdissant du moteur dans l'habitacle, ses lunettes d'aviateur, le ciel bleu et le massif du Mont-Blanc qu'ils survolaient en rasant presque les sommets. Paul lui avait demandé si elle voulait l'épouser et elle avait répondu oui. Il lui avait alors laissé les commandes du Piper, l'avion avait commencé à piquer du nez et il lui avait crié : « Ma vie est entre tes mains, maintenant ! » Il avait fallu qu'il intervienne pour redresser l'avion. Elle se souvint de ce baiser lointain, en altitude, qui les avait fait tanguer avant que Paul ne reprenne le cap et ne suive les instructions radio provenant du sol.

Iris se laissa aller contre le corps de son mari. La maison commença à trembler, Paul se détacha brusquement et Iris se demanda si elle l'avait jamais aimé, réellement aimé, pour ce qu'il était lui, Paul, et non pas pour ce qu'il représentait : l'assurance de ce qu'elle n'obtiendrait jamais par elle-même.

Un moyen. Un rempart. Une protection.

Contre la solitude. La peur. La mort. Contre le grand vide intérieur qu'elle avait essayé de combler comme elle avait pu. Avec des enfants, des choses, des certitudes. Ce grand trou dans son ventre. Ce ventre sur lequel Paul ne poserait plus jamais ses mains ni son oreille comme il l'avait fait pour entendre battre le cœur de ses enfants. Ce ventre froid tandis qu'il s'éloignait d'elle en lui répétant qu'il l'attendrait.

Jusqu'au dernier moment.

Parce qu'il l'aimait.

Oui, il l'aimait.

Avant qu'il ne soit trop tard.

5

Ressemblances

La rencontre avec Iris l'avait bouleversé et il était parti – non, il avait fui – sans penser à lui-même, à ce qu'il lui restait encore à affronter cette nuit-là. Il aurait au moins pu prendre quelque chose à manger, se procurer un couteau de cuisine au cas où il aurait à se défendre.

Il veilla à demeurer le plus possible dans l'ombre, ce qui n'était pas difficile vu le faible éclairage extérieur. De temps à autre, le passage d'une golfette l'obligeait à se cacher dans les buissons ou derrière les pilotis d'un bungalow, même si, dans l'absolu, il préférait rester éloigné des habitations dont la proximité l'engourdissait. Comme d'habitude, le calme régnait dans l'enceinte du Resort. Les Résidents buvaient leurs drinks au « Club », se retrouvaient entre eux, exactement là où il se rendait lui aussi.

Paul leva la tête comme s'il voyait pour la première fois les soubassements d'un bungalow, l'évidence frappait à la porte et Paul se traita d'idiot. Il longea les pilotis et rejoignit la véranda. Il monta les marches, prêt à déguerpir à la moindre alerte. Il s'accroupit, attendit : aucune lumière, aucun bruit. Il colla alors son visage contre la vitre, aperçut le panier de fruits sur la table. Il fit coulisser la porte vitrée et pénétra dans la maison. Il constata alors que l'habitation était en tout point semblable à la leur. Le même tableau représentant les gnomes était accroché au mur. Il s'en approcha pour avoir la confirmation de ce qu'il avait vu de ses propres yeux :

les petits bonshommes travaillant la terre, la configuration du paysage, le volcan massif, imposant comme un Moloch silencieux…

C'est alors que la lumière le surprit au milieu de la pièce.

Il laissa tomber les fruits à ses pieds, mais la petite famille qui envahissait maintenant le salon ignora sa présence. Un homme qui lui ressemblait, un pur sosie en fait, ordonna à son fils de ramasser les fruits par terre et Stan – ou ce qui faisait office de Stan – se dépêcha d'obéir. Paul fit un pas de côté et la réplique de Stan bougea instantanément afin de l'éviter.

– *Lou, ce soir c'est à toi de mettre la table,* fit la jumelle d'Iris tout en allumant le lecteur CD.

Lou obéit et son visage disparut derrière la porte du placard qu'elle venait d'ouvrir.

– *Quel menu as-tu commandé ce soir, chéri ?* demanda Iris à Paul *bis.*

Le sosie de Paul s'approcha de sa femme, la prit dans ses bras. Il lui mordilla l'oreille avant de répondre « *toi, ma chérie* ». Iris minauda avant de poser un baiser sur ses lèvres.

Paul recula en direction de la terrasse, horrifié par la vision de sa famille ainsi reproduite. Il heurta le mur près de la sortie, renversa un vase qui explosa au sol. Son clone s'adressa à Paul, tandis que le reste de la famille ne semblait toujours pas s'apercevoir de sa présence :

– *Nous n'avons plus besoin de vous, Paul.*

– Qui êtes-vous, nom de Dieu ?

Son sosie continuait à le fixer, mais la voix dans sa tête était celle de Vera :

– *Nous sommes heureux, allez-vous-en. Il n'y a plus de place pour vous. Regardez, regardez ce à quoi vous avez renoncé.*

Paul chercha à frapper son sosie et la bulle éclata en silence.

L'obscurité était revenue, les fruits roulaient encore par terre. Hébété, Paul s'enfuit. Il courut dans le jardin, indifférent aux arroseurs qui, entre-temps, s'étaient mis en marche et le mouillaient. Il vit s'approcher la lueur des phares d'une voiturette et s'accroupit derrière une bougainvillée, le cœur soudain devenu trop gros dans sa poitrine.

Lorsqu'on rencontre son sosie, dit la légende, l'un des deux doit mourir.

6

Perclusion

Dans son ivresse, Lou désirait un homme. Une fille de quatorze ans ne pense qu'à ça, en réalité. Et l'amour devient la grande affaire de sa jeune vie. Elle sent bien qu'il y a un mystère là-dessous. Quelque chose d'inquiétant et de trouble qui rôde sous la surface lisse du monde. Répulsif et attirant comme la peur. Lou se sentait électrique, et quand Dave vint rendre visite aux filles affalées sur les coussins, elle avait décidé que ce serait ce soir. Elle franchirait le seuil, descendrait sous terre et connaîtrait enfin la chose inquiétante et trouble qui la révélerait à elle-même.

Mais avant cela, le petit groupe d'adolescentes mené par Joy avait assisté à la cérémonie donnée en l'honneur de Jenny. La pleine lune était au rendez-vous, Jenny était mûre pour la Grande Étape. Les Résidents avaient applaudi l'arrivée de la jeune fille, laquelle poussait elle-même sa chaise roulante de façon volontaire, ses yeux fous, le crâne chauve mettant en valeur son beau visage parsemé de taches de rousseur. Ils applaudissaient, leurs vêtements blancs rehaussant leur bronzage, soulignant la silhouette de leurs corps sveltes. Ils applaudissaient, en cadence, avec chaleur, tandis que Jenny se levait de la chaise et ôtait sa camisole, offrant son corps nu au regard des Résidents qui hochèrent de la tête en signe d'assentiment.

Les femmes furent autorisées à poser leurs mains sur le ventre de Jenny et à l'embrasser sur le front avant qu'elle ne disparaisse, escortée par Vera, dans le cœur de la montagne.

Bien entendu, les adolescentes parlèrent de Jenny et de la Grande Étape sans savoir exactement de quoi il retournait, mais chacune avait sa petite idée là-dessus. L'alcool aidant, excitées, elles se mirent à flirter entre elles. Mais Lou en eut très vite assez de leurs doigts, de leur bouche de fille, de leurs seins à caresser.

Elle se leva et quitta la pièce où se vautraient ses copines.

– Reviens, Lou ! cria Joy. Il n'y a pas d'hommes, *bitch*. Il y a *nous* !

La tête lui tournait, Lou se perdait dans l'île, Lou quittait son propre esprit. Elle était une proie facile, elle attendait un homme. Pour son corps à exaucer. Pour sa vie. Pour qu'il l'emmène.

Et l'homme arriva.

*

* *

L'air lui manquait. Quelque chose se décrochait dans son ventre. Des élancements l'obligeaient à inspirer lentement pour en atténuer les crispations. Le Resort lui apparut moins comme ce lieu idyllique où il suffisait de tendre la main pour se procurer ce qu'on voulait. Lou titubait dans le jardin. Les feux des torchères étiraient son ombre dans un sens ou l'autre, figure de gomme distendue et modelée à loisir. Il était encore possible de faire d'elle ce qu'on voulait. Elle était souple dans son corps. Son esprit était un chewing-gum qu'on pouvait mâcher et faire éclater en bulle. Après, il serait trop tard, elle aurait pris le pli et l'Île aurait trouvé une alliée pour se reproduire le temps d'une génération.

Mais il y avait un sursis. Un instant qui fut comme une conjonction d'éléments.

Car l'homme arriva.

La main sur sa bouche l'empêcha de crier. L'autre main lui tordit le bras dans le dos, l'obligeant à suivre le mouvement qui l'entraînait dans les feuillages. Elle s'était tenue à l'écart des lumières et du reflet bleuté de la piscine. Ce monde disparut au profit de l'obscurité et de la respiration lourde de l'homme dans son dos.

– C'est moi, Lou, ton père. Est-ce que tu as compris ? Je suis désolé, je n'ai pas d'autre moyen de t'approcher. Je vais enlever ma main. J'ignore si tu vas te mettre à crier, mais si tu le fais, je vais devoir fuir et tout sera fini. Tu as compris, Lou ?

La nuque raide, Lou s'efforça de hocher la tête.

Paul desserra son étreinte, prêt à s'enfuir. Lou toussota puis se tourna vers son père.

– Papa… Je… Je saigne, papa…

Il l'accueillit tandis qu'elle se blottissait dans ses bras. Paul ne comprit pas, puis n'eut aucun doute sur le sens de ces paroles. Il avait toujours pensé qu'elle le dirait d'abord à sa mère.

– Ça signifie que tu es vivante, Lou.

Paul avait peur et en même temps il aurait désiré rester ainsi le plus longtemps possible, sa fille dans les bras, sa fille qui devenait une femme.

– Je regrette, papa. Je ne sais pas ce qui se passe. J'ai mal à la tête, je veux partir d'ici.

– Je suis là pour ça. Je suis venu t'emmener, Lou.

Lou se ressaisit, regarda son père.

– M'emmener ?

– Je t'expliquerai en chemin.

– Et Stan ? Et… maman ?

– Stan est déjà en sécurité. Maman nous… Maman nous rejoindra. Maintenant, il faut partir, Lou.

Il lui essuya le nez avec un pan de son tee-shirt.

– Prête ?

– On va quitter… On va quitter tout ça ?

– Pas quitter, Lou. Fuir. Fuir à jamais avant qu'il ne soit trop tard.

– Mais maman dit que…

Il n'attendit pas sa réponse, lui saisit la main et l'entraîna avec lui à travers le trou dans la palissade.

7

Moonlight

Le tableau était celui du rêve proposé par les agences de voyages. Le rêve des films romantiques. Le rêve des agences matrimoniales. La lune pleine, l'océan, une plage, des palmiers. Le rêve était une fleur magnifique et carnivore, elle vous attire, vous séduit, vous dévore. Le rêve de l'Île et de ses promesses standards, celles vantées par les publicités et les échantillons de parfums : girofle, cannelle, vanille… Tant de senteurs enivrantes, serments de peau douce et d'amour éternel. Parce qu'on veut que ça dure, au point que ça en devient une exigence, un impératif. L'Île s'adapte, se modèle et le moyen devient le but. Au fond, l'Île obéissait à son maître et l'incarnait, l'âme de l'Île était les Résidents eux-mêmes. Il n'y avait plus de différence entre la cause et son objet.

Paul l'attendait, caché à la lisière de la plage. Il avait épousé cette femme voilà dix-sept ans. Ils s'étaient mêlés l'un à l'autre au point de créer deux extensions d'eux-mêmes. Qu'est-ce que cela signifie, avoir des enfants ? Que devient l'autre à partir de ce moment précis ? Paul toucha son alliance, il avait l'impression que ses doigts s'étaient affinés et que la bague glissait plus facilement autour de son annulaire. Il ôta alors le bijou, le tint entre le pouce et l'index. Il le leva jusqu'à ce que la lune ronde et pleine remplisse le disque de l'alliance. Et même si les enfants étaient en sécurité pour l'instant, même si son plan se déroulait comme prévu, il sut à ce moment exactement qu'il ne pourrait jamais quitter l'Île sans Iris.

Voilà ce que signifiait avoir des enfants. Un lien définitif avec l'autre, qu'on le veuille ou non.

Il resta aux aguets, surveillant la plage, épiant les alentours. Il attendait de voir la silhouette de sa femme se dessiner dans l'éclat de la lune sur le rivage. Il espéra si longtemps, si fort, qu'elle finit par apparaître. Il aurait voulu courir à sa rencontre, compléter le rêve, achever la publicité comme si la vie, au fond et dans le meilleur des cas, n'était qu'un cliché, une simple apparence, une illusion bon marché avant de s'en retourner au néant.

Lorsqu'elle fut suffisamment proche, Paul lui envoya deux brefs signaux avec sa lampe. Iris dévia sa trajectoire. Elle marchait d'un pas rapide dans le sable mou et, quand il l'embrassa, son visage était humide de sueur.

— L'avion arrive demain, Paul.

— Tu en es sûre ?

— Embrasse-moi.

Comme dans un rêve incarné, ils firent l'amour à même le sol doux et granuleux empiété de racines sortant du sable.

— Aime-moi, Paul. Je crois que je peux encore.

La chair est tout ce qui reste quand le reste a foutu le camp.

L'amour et les roses.

JOUR 7

1

Concertation

À l'aube, ils se retrouvèrent comme convenu à la sortie de la grotte. Iris embrassa son fils. Ils se parlèrent en aparté et Paul comprit qu'ils n'avaient sans doute jamais été aussi proches qu'à ce moment-là. Paul ne cessait de scruter le ciel, mais d'après Charlotte il était peu probable qu'un drone se manifeste dans cette partie de l'île.

Iris demanda ensuite à Lou d'approcher et tous les trois restèrent un moment enlacés. Iris rassura ses enfants, de cette voix qui dans l'enfance maintenait à distance la peur du noir et ses démons.

Paul cessa d'observer le ciel et prépara un petit feu à l'entrée de la grotte. Les enfants grelottaient après avoir passé la nuit dans la caverne humide. À l'aide d'un morceau de bois creux, Paul réchauffa de l'eau sur la braise, y mélangea du jus de coco. On resta silencieux et perplexes, frissonnants et fragiles. Le sommeil n'avait pas été récupérateur, mais peuplé de cauchemars et de tics nerveux. Assis en demi-cercle, on aurait pu mesurer la tension propagée par le groupe, une aura électrique tout à fait quantifiable.

De sa main, Paul aplanit la terre devant lui. À l'aide d'une tige, il leur indiqua plus ou moins où ils se trouvaient et le tracé de la rivière pour rejoindre l'hydroglisseur qui, ensuite, les mènerait à l'avion.

– Je me charge de neutraliser Jamar. Stan, Charlotte et Hugo, vous monterez les premiers et prendrez les sièges du fond, ensuite Iris et Lou. Je compte sur vous pour que ça se passe le plus rapidement possible et dans le calme.

— Et l'essence ? demanda Iris.

— Le Caravan a une autonomie de 1 400 kilomètres. La dernière fois, je l'ai vu repartir sans qu'on lui fasse le plein.

— Et pour le… le pilotage ? s'inquiéta Lou. Tu vas y arriver, papa ?

Un silence inquiet se fit dans le groupe.

— J'ai besoin d'un peu de temps. Mais, une fois au milieu de la lagune, on sera en sécurité. Je doute qu'il y ait un autre hydroglisseur disponible.

— Vous croyez qu'on peut nous tirer dessus ? dit Charlotte.

— Et les drones ? ajouta Hugo.

— Et… Et si on renonçait ? balbutia Lou, soudain paniquée. Qu'y aurait-il de si… de si terrible à rester ici ? On a… On a tout, non ?

— Lou, tu la fermes, d'accord ?

— Mais, maman !

— On va monter dans cet avion, c'est tout, trancha Iris.

— Tout va bien se passer, la rassura Paul.

— Il y a autre chose que vous devez savoir. Dis-le-leur, Paul.

Les regards des enfants convergèrent vers lui.

— Il est possible que de nouveaux Résidents arrivent demain. Il faut… Il faut tenir compte de la possibilité d'autres passagers dans l'avion, voilà…

— Combien de places peut contenir le Caravan ? demanda Stan.

— Huit. Mais les deux places à l'arrière sont sacrifiées pour les bagages.

— Nous sommes déjà six, calcula Lou…

Un silence pesant s'abattit sur leur petite assemblée. Ils eurent de la peine à se regarder dans les yeux, mais personne ne protesta.

2

Rivière

Paul et Iris se dissimulèrent sous les frondaisons. Ils étaient convenus avec les enfants que ceux-ci resteraient en retrait, au cas où les choses prendraient une mauvaise tournure.

Et les choses, justement, s'engagèrent mal dès le début.

Dave était dans le cabanon. Il cherchait les clés de l'hydroglisseur. Paul et Iris étaient suffisamment proches pour l'entendre pester tandis qu'il mettait sens dessus dessous l'intérieur de la cahute. La présence de Dave confirmait l'arrivée imminente de l'avion. Le problème était que Paul allait devoir affronter un homme de vingt-cinq ans en pleine possession de ses forces physiques.

Paul sentit la paume froide d'Iris serrer son épaule : il fallait tenter quelque chose. Paul regarda par terre, saisit une pierre suffisamment tranchante. Il aurait à son avantage l'effet de surprise et c'était tout. Il regarda sa femme, posa un baiser furtif sur ses lèvres. Paul emporta dans son sillage l'odeur aigre de la peur.

Le grincement des marches le trahit. Dave réagit aussitôt et se rua sur lui. Paul hésita à le frapper. Aussi absurde que cela puisse paraître, Paul fut comme empêché de meurtrir ce corps parfait. La vigueur du jeune homme prit le dessus, la lutte serait brève s'il ne trouvait pas le moyen de s'en défaire. Paul respirait son haleine porteuse de mort, suffocante, qui lui rappela que Dave, au même titre que Christelle, n'était sans doute qu'une façade, l'emballage d'un corps qui n'était

241

qu'illusion. Le coup de tête porté par Dave lui cassa le nez, la douleur prit la forme d'un scintillement aveuglant. Paul encaissa encore un coup de poing à la tempe, il n'avait jamais su se battre autrement que par la voie juridique et les recours en appel.

Paul roula sur les marches. Il perçut le clapotis de l'eau coulant dans la rivière et puis... Et puis le vrombissement d'un moteur à l'approche.

L'avion. L'avion arrive et il est trop tard.

Dave le suivit dans sa chute. Il s'agenouilla, leva son bras pour le frapper encore. Malgré sa paupière déjà enflée, Paul vit parfaitement le bord du gros caillou s'écraser sur le crâne du dieu grec. Sonné, Dave sembla chercher autour de lui qui l'avait frappé. Tenant la pierre à deux mains, Stan l'abattit une seconde fois sur la tête de Dave qui perdit l'équilibre. Ses bras fouettèrent l'air autour de lui. Il tenta de sourire, comme si les coups ne l'avaient pas atteint, mais son visage se ternissait déjà, ses traits se fissuraient – sutures d'un lifting cédant une à une –, l'expression se tordit en un affreux rictus et Paul eut juste le temps de l'éviter avant qu'il ne tombe face contre terre. Il dégagea ses jambes du poids mort recroquevillé sur lui-même, incapable de retenir sa conscience qui foutait le camp.

Stanislas se dressait à la place de Dave. Exsangue et tremblant. Paul se releva, le sang coulait de son arcade sourcilière. Plus haut, l'avion manœuvrait en phase d'approche, le temps prenait la forme d'un entonnoir et, bientôt, ils devraient tous se serrer pour passer à travers.

– Tu m'as sauvé la vie, Stan. Tu comprends ? Tu as sauvé la vie de ton père. Il n'y a rien d'autre qui compte. Stan, tu m'entends ?

Stan acquiesça, Paul distingua un éclat dans son regard, accapara son attention au maximum.

– Tu m'écoutes ?

– Maman n'a rien fait pour te sauver.

– Maman est cachée plus loin, tout va bien. Stan, écoute-moi, bordel !

Paul le gifla, il fallait absolument qu'il revienne à lui.

– Pardonne-moi, Stan, je t'en prie, maintenant va chercher les autres et amène-les ici. OK, Stan ? C'est d'accord ?

Stan partit en courant. Paul traîna le corps de Dave par les pieds et le fit rouler dans les fougères. Il s'engagea sur le ponton brinquebalant et sauta dans l'hydroglisseur. Le bateau tangua sous son poids. Il s'accroupit, prit de l'eau dans le creux de sa main et rinça son visage barbouillé de sang. Son nez fracturé lui faisait un mal de chien. À travers les feuillages, il vit l'avion qui n'était plus qu'à quelques centaines de mètres au-dessus de la lagune, si proche qu'il put distinguer le matricule inscrit sous les ailes.

Il inséra la clé dans le tableau de bord de l'embarcation, se dirigea à la poupe et pompa sur la poire en plastique du réservoir d'essence. Il retourna au poste de commande, grimpa sur le siège, vérifia que le levier de commande était au point mort. Il tira sur l'appel d'air, attendit quelques secondes avant de mettre à feu. Le moteur toussa, l'énorme hélice dans son dos tourna brièvement sur elle-même avant de s'arrêter. Paul entendait maintenant l'hydravion fendre la surface de l'eau, les turbines de ses moteurs au maximum pour activer les aérofreins. Il fit une nouvelle tentative d'allumage mais le moteur parut s'embourber. « Putain, tu vas démarrer, enculé ! » Il essaya encore, puis s'aperçut que le robinet d'essence était tourné sur « off ». *C'est ça, Paul, fais ton malin avec les produits dérivés, mais là t'es un vrai crétin !* Il retourna pomper sur la poire du gros réservoir, recommença l'opération. Il tourna la clé et, ce coup-ci, l'hélice démarra aussitôt. L'embarcation se mit à chasser à la poupe. Il quitta les commandes et alla resserrer le cordage relié à l'anneau de métal fixé sur le ponton. Les jointures tremblaient, la plate-forme n'était pas prévue pour que le bateau reste amarré aussi longtemps, moteur en marche.

Il les vit surgir de la forêt, courant au point de se gêner les uns les autres. Lou trébucha sur les pieds de Charlotte et s'étala. Iris l'aida à se relever tandis que Hugo, à la traîne, essayait de coller au groupe.

La corde lacérait les mains de Paul. L'hydroglisseur était comme un animal impatient prêt à se défaire de ses liens. Ils franchirent enfin le ponton et sautèrent dans le bateau. Dans un sursaut de lucidité, Paul cria à son fils par-dessus le bruit du moteur :

– Stan, dans la cahute, la casquette et les lunettes de soleil !

– Quoi ? demanda Stan

– Prends la casquette et les lunettes ! Par terre ! Vite !

Stan sauta sur les planches. Le ponton, bricolé avec des bidons d'essence et des planches mal équarries, commençait à se disloquer sous la poussée de l'embarcation. Le bois vermoulu relié aux fixations de l'anneau céda, et l'hydroglisseur commença à dériver. Paul faillit tomber à l'eau, écrasa le pied de Charlotte qui hurla de douleur. Il se précipita vers les commandes. L'hydroglisseur avait commencé à tourner sur lui-même. Lou paniquait et, un instant, comme ça, une pensée fugace traversa l'esprit de Paul quant à l'attitude d'Iris : *elle semble* absente. Paul s'assit sur le siège, s'empara du long levier de commande et stabilisa l'embarcation comme il put. Ses connaissances en navigation se limitaient à des régates sur le lac Léman, mais ce fut suffisant pour empêcher le bateau de dériver davantage.

– Dans l'eau, Stan, saute dans l'eau !

L'enfant obéit et nagea jusqu'à eux. Hugo l'aida à monter à bord et lorsqu'il fut à l'intérieur, Paul démarra. Trop sèchement. Les passagers s'étalèrent dans le fond, criant de surprise. Paul ralentit, trouva la vitesse adéquate et entama la descente de la rivière. Il attendit que chacun se calme avant de hurler par-dessus le vrombissement du moteur :

– Préparez-vous à vous allonger et à vous cacher sous la bâche. Rassemblez-vous à l'avant. Iris, quand je dirai ton nom, vous sortirez tous de là, c'est entendu ?! Iris, OK ? Ce sera le signal !

Spectatrice d'elle-même, Iris fit un effort pour mobiliser son attention et rassurer Paul. Celui-ci fit signe à Stan de lui faire passer la casquette et les lunettes ayant appartenu à Dave. Ce fut Iris qui les lui donna, attentive à ne pas perdre pied sous les mouvements en zigzag de l'hydroglisseur. Au moment où elle tendait le bras, Paul lui saisit le poignet :

– Je peux compter sur toi, Iris ? Il le faut, tu comprends ?

Iris lui sourit et Paul y retrouva tout ce qu'il y avait vu ce jour où ils avaient survolé le Mont-Blanc : la promesse d'un temps à venir qui serait à nouveau le leur.

3

Lagune

La rivière s'évasait dans la lagune, et Paul éprouva physiquement cette ouverture vers l'horizon et la fuite. Des frissons parcoururent son corps, le tremblement de ses mains se confondait avec les vibrations transmises par le moteur. L'hydroglisseur approchait de l'appareil. L'habituel roulis était compensé par le faible tirant d'eau de l'embarcation surfant littéralement sur la lagune. De son poste surélevé, Paul slalomait entre les récifs de corail et les bancs de sable. L'évasion devenait tangible, ils approchaient du but et, comme il arrive souvent, c'est le moment précis où le plus dur reste à faire.

Paul reconnut la silhouette de Jamar qui jetait l'ancre. À l'intérieur de la cabine, il distingua vaguement d'autres formes, celles des passagers. Paul s'était préparé à devoir les sacrifier pour sauver les siens, mettant ses scrupules de côté. Si tout se passait bien, d'ici peu la police viendrait faire un petit tour dans cette île de tarés. Peut-être même enverrait-on une frégate de l'armée. Ce ne serait pas de trop, vu l'ampleur de la folie qui régnait à Nomad First. Paul se demanda jusqu'à quelle distance il pourrait approcher avant que Jamar ne se rende compte que Dave n'était pas aux commandes de l'hydroglisseur.

Paul mit le moteur au point mort et laissa l'embarcation dériver sur les derniers mètres afin de ne pas heurter l'avion. Il descendit de son siège, et se pencha pour prendre la gaffe. Il se releva au dernier moment.

La gaffe dans les mains, Paul frappa le pilote au visage. Jamar perdit l'équilibre et tomba dans l'eau.

– Iris, maintenant !

Iris et les enfants se libérèrent de la bâche et attendirent de monter dans l'avion.

Paul sauta sur un des flotteurs, accrocha la poignée de la porte des passagers et l'ouvrit à la volée. Ce qu'il vit manqua de le faire lâcher prise.

Mike et Vera.

Qui lui souriaient. Amusés par leur petit tour de passe-passe.

Paul se retourna, la regarda. Il le lut dans ses yeux bleus, tout était si clair.

– Iris, non ! gémit-il.

– Tu as perdu, mon amour.

Son poing fendit l'air, traversa l'espace qui les séparait comme autant d'univers incompatibles, chargé de rancœur et de désillusion. Iris esquiva. Emporté par son élan, Paul tomba à genoux. Il chercha à se retenir au flotteur, mais la poussée dans les reins le propulsa vers l'avant, dernière humiliation d'une farce touchant à sa fin. Il aperçut les enfants qui le regardaient tomber, impuissants, déjà prisonniers d'un futur qui les verrait acquiescer et consentir.

Sa tête cogna contre le rebord de l'hydroglisseur. Il s'évanouit avant même de toucher l'eau.

4

Plage

On le déposa à terre encore inconscient. L'ensemble des Résidents était venu voir son visage lavé par l'eau de mer, perclus d'hématomes et de sang palpitant de ses blessures. Tête basse, les enfants suivaient Vera en silence. La petite foule silencieuse s'écartait pour les laisser passer avant de les avaler comme un seul corps. Les femmes prirent alors Iris dans leurs bras, à tour de rôle. On lui donna à boire, quelqu'un lui proposa une cigarette. Une golfette vint la chercher pour l'emmener chez elle. On entendit les mots « se reposer » et ce fut tout.

Paul ouvrit les yeux alors qu'on le transportait sur une civière. Emmenés par Mike, quatre autochtones le déposèrent sur la plate-forme du pick-up. Ils ne prononcèrent aucun mot, impossible de dire si derrière ses lunettes l'un d'eux l'avait regardé, ne serait-ce qu'une fois. Paul aperçut la cime des arbres. Deux cormorans planaient dans le ciel, indifférents.

Mike et les indigènes disparurent de son champ de vision. Paul entendit Mike parler brièvement aux Résidents regroupés sur la plage, des rires, des mots feutrés évoquant le soulagement.

Il tourna la tête : Ulita l'observait en silence. Lui, l'homme couché. Elle, la montagne debout.

Paul sentait que déjà sa raison le quittait.

Ulita tordit la bouche, essaya de sourire. Elle ramena son énorme main près de son visage et ôta ses lunettes.

Ce qu'il vit lui fit avaler sa langue.

Le temps les avait capturés.

Épilogue

Resort

On se passait le bébé et Iris était soulagée de s'en débarrasser, elle avait mal aux bras et se sentait lasse. Elle n'avait qu'une envie : boire un de ces délicieux cocktails qui l'enivraient doucement, comme une complainte.

Les Résidents avaient envahi son bungalow et se répartissaient au gré du living et de la véranda. Le lecteur passait *Scandale au soleil* (piste 3). On picorait des biscuits apéritifs, on buvait tout en fumant des mentholées. Christelle et Denise ne semblaient porter aucune séquelle de leurs blessures (si ce n'est une posture légèrement bancale chez Christelle), riant avec leurs amies comme on mordrait dans une juteuse tranche d'ananas.

Paul déambulait, un verre en bois à la main. Les domestiques glissaient entre les invités, leurs lunettes polarisées reflétant le déroulement de la party – chaque Résident organisait à tour de rôle son cocktail de bienvenue en l'honneur des bébés de Jenny : deux parfaits jumeaux monozygotes. Deux nouveaux Résidents nés sur l'Île, inaugurant la première génération de Nomad First. Une attention particulière était portée à Iris, car elle avait choisi elle-même les Reproducteurs et son choix s'était révélé excellent.

Paul, tenu à l'écart des bébés – ainsi que les autres hommes –, était absent au dialogue secret des femmes. Il aurait souhaité bavarder avec son fils à propos de sa formation quant à l'accueil des Nouveaux Résidents, mais Stan avait préféré rejoindre ses nouveaux amis, Ludovic et Jonathan, pour une partie de beach-volley. Une golfette était venue le chercher et le ramènerait plus tard. Stan devenait chaque jour plus beau. Il se concentrait sur son corps, on l'y aidait assidûment, Mike faisait un fantastique boulot de coach. Hugo et Charlotte étaient sortis de sa vie et c'était tant mieux. Quant à Lou, elle avait emménagé avec Dave dans le bungalow 32 et on ne la voyait que rarement. Son début de grossesse se passait bien, mais pouvait-il en aller autrement ? Le Resort se chargeait de vos enfants, vous en libérait. Vous n'aviez qu'à les concevoir et puis on s'en occupait pour vous. C'était un vrai soulagement de n'avoir plus ce genre de responsabilité.

Tournant le dos à la petite cérémonie, Paul dut soudain s'accrocher à la balustrade pour ne pas tomber. Il passa la main dans ses nouveaux cheveux, abondants et touffus, sentit en dessous les boursouflures des cicatrices sur le crâne. Un instant, Paul crut se souvenir, comme une nostalgie fugace, une nostalgie de quoi, déjà ?

Attentive, Iris avait perçu le trouble de son mari et se dépêcha de le rejoindre en s'excusant auprès de ses amies.

– Ça va, chéri ? Tu te sens bien ?

Paul se ressaisit, toucha ses abdominaux pour se rassurer :

– Tout va bien, mon amour. Je suis heureux.

AFP 23 août – Toujours aucune nouvelle de l'avion de tourisme Cessna Stationair qui a disparu au large des côtes de l'île de la Réunion le samedi 17 août. Nous rappelons qu'à son bord, outre le pilote, voyageait une famille de quatre personnes d'origine suisse en vacances dans la région. L'appareil, qui décollait de Saint-Denis et se dirigeait vers l'île Maurice, a subitement disparu des écrans radars. Aucun élément de l'avion n'a encore été retrouvé. Des recherches sont actuellement en cours. Les autorités françaises et mauriciennes ont décidé de collaborer, mettant en commun leurs ressources et leurs informations afin de déterminer au plus vite les raisons d'une disparition qui ne trouve toujours pas de causes explicables.

Table

Jour 5

Jour 6

Jour 7

THÉÂTRE

37 m²
In Campoche, collection « Enjeux », Bernard Campiche, 2009

BANDES DESSINÉES & ROMANS GRAPHIQUES

Fausse Route
Illustrations Vincent Gravé
Les Enfants Rouges, 2008 & 2014

Dans les cordes
Illustrations Marc Moreno, Soluto, Julien Mariolle
Les Enfants Rouges, 2008

Petites Coupures
Illustrations Vincent Gravé
Les Enfants Rouges, 2009
Prix « One Shot », Cognac 2009

Lonely Betty
Illustrations Christophe Merlin
Sarbacane, 2014

RÉALISATION : NORD COMPO MULTIMÉDIA À VILLENEUVE-D'ASCQ
IMPRESSION : NORMANDIE ROTO IMPRESSION S.A.S. À LONRAI
DÉPÔT LÉGAL : NOVEMBRE 2014. N° 107992 (1404025)
IMPRIMÉ EN FRANCE